That four great nations

75 Jahre Nürnberger Prozess
75 Years Nuremberg Trial

"That four great nations"

75 JAHRE NÜRNBERGER PROZESS
75 YEARS NUREMBERG TRIAL

herausgegeben von den Museen der Stadt Nürnberg, Memorium Nürnberger Prozesse
published by the Nuremberg Municipal Museums, Memorium Nuremberg Trials

Schriftenreihe der Museen der Stadt Nürnberg Bd. 21
Herausgegeben von Thomas Eser

Publication series of the Nuremberg Municipal Museums vol. 21
Published by Thomas Eser

Museen der
Stadt Nürnberg
Memorium
Nürnberger Prozesse

MICHAEL IMHOF VERLAG

INHALT

CONTENTS

BEITRÄGE

ESSAYS

„Dass vier große Nationen,
erfüllt von ihrem Siege
und schmerzlich gepeinigt von dem geschehenen Unrecht,
nicht Rache üben, sondern ihre gefangenen Feinde
freiwillig dem Richtspruch des Gesetzes übergeben,
ist eines der bedeutsamsten Zugeständnisse,
das die Macht jemals der Vernunft eingeräumt hat."*

* Aus der Eröffnungsansprache des amerikanischen Chefanklägers Robert H. Jackson vom 21. November 1945

"That four great nations,
flushed with victory and stung with injury,
stay the hand of vengeance
and voluntarily submit their captive enemies
to the judgment of the law
is one of the most significant tributes
that Power has ever paid to Reason."*

* From the Opening Statement of American Chief Prosecutor Robert H. Jackson, November 21, 1945

GRUSSWORT

A WORD OF WELCOME

Der Prozess gegen die Hauptkriegsverbrecher in Nürnberg 1945/46 war ein Meilenstein der internationalen Rechtsgeschichte. Die Alliierten hatten sich verständigt, führende Funktionäre des Nationalsozialismus wegen Verschwörung, der Vorbereitung und Durchführung eines Angriffskrieges, Kriegsverbrechen und Verbrechen gegen die Menschlichkeit anzuklagen. In einigen Punkten konnten sie sich auf die Haager Landkriegsordnung stützen. In anderen Bereichen schufen sie neues Recht. Erstmals wurden Vertreter eines souveränen Staates für die Folgen ihrer Politik strafrechtlich verantwortlich gemacht.

Nachdem die Nationalsozialisten die Geschichte der Stadt Nürnberg missbraucht hatten, gelang am gleichen Ort ein ermutigender historischer Neuanfang. In der Stadt geht man heute sehr verantwortungsbewusst mit diesem Erbe um. 75 Jahre nach dem Beginn des „Hauptkriegsverbrecherprozesses" ist der Saal 600 des Justizgebäudes ein würdiger Ort des Gedenkens und der Information. Das Memorium Nürnberger Prozesse soll künftige Generationen an einen entscheidenden Wendepunkt in der Entwicklung des Kriegsvölkerrechts erinnern und zugleich eine Mahnung zum Frieden, zur Gerechtigkeit und zur Achtung vor der Menschenwürde sein.

Dr. Markus Söder
Ministerpräsident des Freistaates Bayern

The Trial of Major War Criminals in Nuremberg in 1945–46 was a milestone in the history of international law. The Allies had agreed to try leading officials of National Socialism for conspiracy, planning and waging a war of aggression, war crimes, and crimes against humanity. On some points they were able to draw on the Hague Conventions on the waging of warfare. For others, they created new law. For the first time, the representatives of a sovereign state were held criminally liable for the consequences of their policies.

Following the National Socialists' distorted use of the history of the City of Nuremberg, an encouraging, historic new start took place in the same location. Today's city deals with this legacy very conscientiously. Seventy-five years after the Trial of Major War Criminals began, Room 600 in the Palace of Justice remains a worthy site of memory and information. The Memorium Nuremberg Trials has the mission of reminding future generations of a crucial turning point in the evolution of the international law of war, and at the same time serves as a warning and reminder to protect peace, justice and respect for human dignity.

Dr. Markus Söder
Minister President of Bavaria

GRUSSWORT

Am 20. November 2020 begehen wir den 75. Jahrestag der Eröffnung des Nürnberger „Hauptkriegsverbrecherprozesses". Zugleich ist dieser Tag auch der zehnte Geburtstag des Memoriums Nürnberger Prozesse. Mit der Einrichtung dieser Informations- und Dokumentationsstätte am historischen Ort erfüllten die Stadt Nürnberg und der Freistaat Bayern ein Bedürfnis, das durch die häufigen Besuchswünsche aus aller Welt artikuliert worden war. 2018 und 2019 verzeichnete das Memorium jeweils deutlich über 100 000 Besucher, seit seiner Eröffnung waren es insgesamt über eine Dreiviertelmillion. Die meisten davon sind ausländische Gäste. Die Stadt Nürnberg fasst es als ihren Anspruch auf, diesem internationalen Renommee und dieser internationalen Verantwortung gerecht zu werden.

Mit dem Nürnberger „Hauptkriegsverbrecherprozess" fand ein bis dato neuartiger Umgang mit Kriegs- und Menschlichkeitsverbrechen Einzug in die internationale Konfliktbewältigung: ein Internationaler Gerichtshof. Im Zusammenhang mit ihm entwickelten sich wesentliche Bausteine des Völkerrechts wie die Allgemeinen Menschenrechte, die Nürnberger Prinzipien sowie die Völkermordkonvention. Als Lehren aus den Massenverbrechen des Zweiten Weltkriegs stellen solche Prinzipien des Völkerrechts einen bedeutenden Schritt hin zu einer humaneren Welt dar. Die Stadt Nürnberg bekennt sich auf einmalige Weise zu diesen Fortschritten: Die „Stadt des Friedens und der Menschenrechte" setzt sie mit Richtlinien und in eigenen Einrichtungen, mit vielfältigen

A WORD OF WELCOME

On November 20, 2020, we celebrate the 75th anniversary of the opening of the Nuremberg Trial of Major War Criminals. The same day is also the tenth anniversary of the Memorium Nuremberg Trials. By establishing a center for information and documentation at this historic site, the City of Nuremberg and the Free State of Bavaria met a need that had become evident from frequent requests for visits from all over the world. In 2018 and 2019 the Memorium saw well over 100,000 visitors a year; it has welcomed more than three-quarters of a million guests since it opened – most of them from abroad. The City of Nuremberg feels a calling to do justice to this international reputation and this international responsibility.

The Nuremberg Trial of Major War Criminals introduced a hitherto unknown way to incorporate dealing with war crimes and crimes against humanity into international conflict management: an International Court of Justice. In connection with that trial, significant components of international law evolved, including Universal Human Rights, the Nuremberg Principles and the Convention on Genocide. As lessons learned from the mass crimes of World War II, such principles of international law represent a significant step toward a more humane world. The City of Nuremberg has made a unique commitment to this progress: the "City of Peace and Human Rights" has implemented these advances in guidelines and institutions of its own, with numerous prizes and events, as well as a specially established human rights office with

Preisverleihungen und Veranstaltungen sowie einem eigens eingerichteten Menschenrechtsbüro um, welchem die Koordinierung der Menschenrechtsaktivitäten der Stadt obliegt.

Zu unserem geistig-ideellen Erbe zählt auch der Erinnerungsort der Nürnberger Prozesse. Der „Hauptkriegsverbrecherprozess", der am 20. November 1945 eröffnet und am 1. Oktober 1946 mit der Verkündung der Strafmaße beendet wurde, markiert den mit Abstand wichtigsten Traditionsbezug der ab den 1990er Jahren wiederbelebten völkerstrafrechtlichen Praxis. Die Dokumentation der historischen Ereignisse, die museumspädagogische Arbeit sowie die Vertiefung von Themen durch das Memorium Nürnberger Prozesse bilden einen wesentlichen Pfeiler der Erinnerungskultur sowie des gesellschaftlichen Lebens dieser Stadt.

Über die Bundesrepublik Deutschland verteilt liegen zahlreiche Gedenkorte, die an die Zeit des Nationalsozialismus und seine Verbrechen erinnern. Nürnberg aber weist darüber hinaus eine Stätte von weltgeschichtlicher Bedeutung auf, die wie kaum eine andere für einen zukunftsweisenden Umgang mit den Verbrechen des Zweiten Weltkriegs steht, für Neuanfang, internationale Kooperation sowie für das Primat des Rechts vor dem der Macht.

In den letzten zehn Jahren sind die Anforderungen an diesen Ort gestiegen: durch eine stetige Zunahme der Besuchszahlen, die Erschließung weiterer Besuchsgruppen sowie einen gesteigerten Anspruch der Stadt selbst an ihre Einrichtungen. Das Memorium wird dementsprechend inklusiver werden, seine Internationalität stärken und seinen Charakter als Begegnungsstätte ausbauen.

the duty of coordinating the city's human rights activities.

Our mental and conceptual heritage also includes the memorial site of the Nuremberg Trials. The Trial of Major War Criminals that began on November 20, 1945, and concluded with the pronouncement of sentences on October 1, 1946, marks by far the most important landmark of tradition in international criminal law practice, which has been reviving since the 1990s. The documentation of historic events, the educational museum work and the deeper exploration of topics by the Memorium Nuremberg Trials are one of the major pillars of this city's culture of remembrance as well as its social life.

Numerous memorial sites are spread across the Federal Republic of Germany as reminders of the era of National Socialism and its crimes. But Nuremberg additionally represents a place of world historical significance that stands like few others for a future-oriented approach to the crimes of the Second World War – and for a new beginning, international cooperation, and the primacy of law over power.

Over the past ten years, the demands placed on this location have risen – through a steady increase in visitors, a rise in interest among additional visitor groups, and the growth of what the city itself expects from its institutions. The Memorium will accordingly become more inclusive, reinforce its international focus, and expand its character as a meeting place.

That will call for opening up, building and reconfiguring new spaces and areas. The extensive relocation of the courts from the historic courtroom will make Room 600, the site of the Nuremberg Trials, more accessible, and

Dies erfordert die Erschließung von Räumen und Flächen, deren Bau und Neugestaltung. Der weitgehende Auszug des Gerichts aus dem historischen Schwurgericht macht den Saal 600, den Ort der Nürnberger Prozesse, besser zugänglich und ermöglicht auch erstmals den Besuch des Beratungszimmers, wo die Urteile beschlossen wurden. Eine völlig neu gestaltete und deutlich umfangreichere Dauerausstellung wird diese Bereiche miteinbeziehen. Zudem erhält das Memorium Nürnberger Prozesse einen Neubau für ein Besucherzentrum. Dieses wird nicht nur die angemessene Außenwirkung realisieren, sondern auch den Service für die Besucherinnen und Besucher gewährleisten, Wechselausstellungen ermöglichen sowie Platz für internationale Kooperationen und Begegnungen bieten.

Für diese Projekte wünsche ich dem Memorium Nürnberger Prozesse viel Erfolg und versichere ihm meine volle Unterstützung.

Marcus König
Oberbürgermeister der Stadt Nürnberg

will also make it possible for the first time to visit the chamber where the verdicts were deliberated. An entirely redesigned, considerably more extensive permanent exhibition will also include these areas. The Memorium Nuremberg Trials will also get a new building for its visitor center. That will not only lend it an appropriate external look, but also ensure proper service for visitors, permit changing exhibitions, and offer space for international cooperative projects and meetings.

I wish the Memorium Nuremberg Trials every success in these projects, and assure it of my full support.

Marcus König
Lord Mayor of the City of Nuremberg

VORWORT

„That four great nations" – der Titel dieser Publikation verweist auf einen ganz wesentlichen Aspekt des wohl berühmtesten Gerichtsprozesses in der Geschichte. Vom 20. November 1945 bis 1. Oktober 1946 mussten sich führende Repräsentanten des nationalsozialistischen Staates für ihre Verbrechen vor einem internationalen Gericht verantworten. Der Internationale Militärgerichtshof setzte sich aus Vertretern der vier alliierten Mächte – USA, Sowjetunion, Großbritannien und Frankreich – zusammen.

Dieser „Jahrhundertprozess" drückt die Absicht und Durchsetzung eines bedeutenden und einmaligen internationalen Vorhabens aus. Vier alliierte Nationen mit stark voneinander abweichenden politischen und rechtlichen Systemen, zudem teilweise ehemalige Gegner, einigten sich auf ein gemeinsames strafrechtliches Vorgehen. Im Internationalen Militärgerichtshof beweist sich somit nichts Geringeres, als die prinzipielle Konsensfähigkeit unseres modernen, weltweiten, diversen Mächtesystems, indem es in Folge von Ungerechtigkeit bislang unbekannten Ausmaßes ein angemessen universelles Werkzeug zur Herstellung von Gerechtigkeit in Stand setzte. Ein Werkzeug juristischer Vernunft, keine Waffe bloßer Siegermacht, wie in der Eröffnungsansprache des Chefanklägers Robert H. Jackson ausdrücklich unterschieden wird:

> „nicht Rache üben, sondern [...] dem Richtspruch des Gesetzes übergeben."

Anlass gewesen waren die bis dato ungekannten Staats- und Kriegsverbrechen des nationalsozialistischen Deutschen Reichs und seiner Verbündeten. Dass in dem ein-

FOREWORD

"That four great nations" – the title of this publication – refers to a crucial aspect of what is probably the most famous court trial in history. From November 20, 1945, to October 1, 1946, leading representatives of the National Socialist state had to answer before an international court for their crimes. The International Military Tribunal was composed of representatives of the four allied powers – the USA, the Soviet Union, the United Kingdom, and France.

This "trial of the century" was an expression of the intent and execution of a momentous, unique international project. Four allied nations with sharply divergent political and legal systems, some of them even former enemies, agreed on a joint criminal proceeding. Thus the International Military Tribunal proved nothing less than the ability in principle to reach consensus amid our modern, global, diverse system of powers: in response to injustice on a hitherto unheard-of scale, it established an appropriately universal tool for restoring justice. It would be a tool of juridical reason, not a mere weapon of the victor's power, as the opening statement of Chief Prosecutor Robert H. Jackson expressly articulated:

> "[to] stay the hand of vengeance and voluntarily submit ... to the judgment of the law."

The occasion was the hitherto unheard-of state and war crimes committed by the National Socialist German Reich and its allies. The fact that such a revolutionary legal instrument was created at this unique moment in history

zigartigen historischen Moment ein solch revolutionäres rechtliches Instrument geschaffen wurde, stellt ein eindrucksvolles Zeugnis der internationalen Kooperation, der Diplomatie sowie des Multilateralismus dar.

Der Festakt am 20. November 2020 und seine verschiedenen Begleitveranstaltungen werden sich diesem Anspruch des Nürnberger „Hauptkriegsverbrecherprozesses" in vielerlei Informations- und Reflexionsformaten widmen. Mit dieser Jubiläumsschrift erinnert das Memorium Nürnberger Prozesse aus unterschiedlichen Perspektiven an den bemerkenswerten rechts- und weltgeschichtlichen Moment vor 75 Jahren. Autorinnen und Autoren aus den ehemals vier alliierten Staaten und Deutschland nähern sich mit verschiedenen Schwerpunkten und aus unterschiedlicher Fachrichtung sowie aus ihren jeweiligen nationalen Narrativen und mitunter auch subjektiver Sicht dem historischen Ereignis.

Zeitgleich feiern wir schließlich das zehnjährige Bestehen des Memoriums Nürnberger Prozesse, der Informations- und Dokumentationsstätte am historischen Ort. Unser Memorium erfreut sich inzwischen mit seinem authentischen Ereignisort „Saal 600" und der Ausstellung zu Ursachen, Verlauf und Folgen der „Nürnberger Prozesse" eines immer größeren Besucherzuspruchs. Über hunderttausend Gäste besuchen es jährlich, darunter mehr als zwei Drittel Besucherinnen und Besucher internationaler Herkunft. Dieser Erfolg ist Bestätigung in gleich zweierlei Hinsicht: für das anhaltende breite Interesse am weltgeschichtlichen Ereignis vor einem Dreivierteljahrhundert, aber auch für die mutige kulturpolitische Entscheidung zur Einrichtung eines Memoriums vor einem guten Jahrzehnt.

Thomas Eser

bears impressive witness to international cooperation, diplomacy and multilateralism.

The commemorative event on November 20, 2020, and its various accompanying events will be dedicated to this aspiration of the Nuremberg Trial of Major War Criminals by offering many different occasions for information and reflection. In this anniversary publication, the Memorium Nuremberg Trials includes a variety of perspectives for looking at this remarkable legal and world historical moment 75 years ago. Authors from the four former Allies and Germany address this historic event with different emphases and from different disciplines and coming from specific national narratives and occasionally with subjective viewpoints.

Finally, at the same time we are celebrating the tenth anniversary of the Memorium Nuremberg Trials, the informational and documentation institution at this historic site. With its Room 600 setting for the original proceedings and its exhibition on the causes, course and consequences of the Nuremberg Trials, our Memorium now enjoys an ever-growing stream of visitors. More than a hundred thousand guests visit annually, over two-thirds of them from countries other than Germany. This success represents a reaffirmation in two senses: of ongoing widespread interest in the world historical event that took place here three-quarters of a century in the past, and also of the courageous cultural-policy decision, made more than a decade ago, to establish a Memorium.

Thomas Eser

DER ERINNERUNGSORT MEMORIUM NÜRNBERGER PROZESSE – MEHR ALS EINE HISTORISCHE AUSSTELLUNG

Henrike Claussen

Mit der diesjährigen Begehung des 75. Jahrestags des Nürnberger Prozesses feiert auch die Institution Memorium Nürnberger Prozesse ihr erstes großes Jubiläum, den zehnten Geburtstag. Am 21. November 2010 wurde das Haus unter großer internationaler Beteiligung im historischen Saal 600 eröffnet. Unter den zahlreichen hochrangigen Politiker*innen, die der Einladung des damaligen bundesdeutschen Außenministers Guido Westerwelle gefolgt waren, befanden sich u. a. sein russischer Amtskollege Sergei Lawrow sowie der frühere französische Außenminister Roland Dumas. Wie bereits beim Nürnberger Prozess selbst war man sich auch vor zehn Jahren der großen politischen Strahlkraft dieses weltbedeutenden historischen Ereignisses bewusst, schließlich hätten auch renommierte Jurist*innen oder die Zunft der Geschichtswissenschaftler*innen die Szene dominieren können. Die Anwesenheit internationaler politischer Vertreter machte aber deutlich, dass die Nürnberger Prozesse nicht einfach nur ein historisches Ereignis sind.

Die Entstehung des Memoriums, das zum siebten Haus der Museen der Stadt Nürnberg wurde, hatte ihre Anfänge bereits im Jahr 2000. Damals begann der Museumsverbund, an den Wochenenden öffentliche Führungen im historischen Saal 600 anzubieten. So sollte der immer größer werdenden Zahl von Tourist*innen aus dem In- und Ausland, die sich regelmäßig vor den Toren des Justizgebäudes einfanden, ein planbares Angebot gemacht werden. Ge-

THE MEMORIUM NUREMBERG TRIALS – MORE THAN A HISTORICAL EXHIBITION

Henrike Claussen

Concurrently with this year's 75th anniversary of the Nuremberg Trials, the Memorium Nuremberg Trials is also celebrating its first historic milestone: its tenth anniversary. The institution opened, with extensive international participation, in the historic Courtroom 600 on November 21, 2010. Among the many political VIPs who had accepted the invitation from then-Federal Foreign Minister Guido Westerwelle were his Russian counterpart Sergei Lavrov and former French Foreign Minister Roland Dumas. As had been the case at the Nuremberg Trials themselves, at the Memorium's founding ten years ago everyone was aware of the tremendous political significance of the major event of world history it commemorates; the scene might easily have been dominated by famed jurists or the historians' guild. Yet the presence of international government representatives made it clear that the Nuremberg Trials were more than a mere event in history.

The Memorium, which became the seventh institution among the Nuremberg Municipal Museums, traced its origins back to 2000, when the Museum Association began offering public tours of the historic Room 600 on weekends. The aim was to offer a regularly scheduled event for the increasingly large numbers of tourists from Germany and abroad who regularly appeared at the courthouse doors. Precisely speaking, then, in 2020 the municipal museums are actually celebrating 20 years of association with this world-renowned courtroom. Ho-

Der Saal 600, Nürnberg, 2020, Museen der Stadt Nürnberg, Memorium Nürnberger Prozesse, Fotograf: Tim Hufnagl
Courtroom 600, Nuremberg, 2020, Nuremberg Municipal Museums, Memorium Nuremberg Trials, Photographer: Tim Hufnagl

nau genommen begehen die städtischen Museen 2020 also schon ihre 20-jährige Verbindung mit dem weltberühmten Gerichtssaal. Schnell zeichnete sich jedoch ab, dass einfache Führungen die rasch steigende Nachfrage nicht mehr befriedigen konnten. Dann ging alles sehr

wever, it soon became evident that simple tours could no longer meet the rapidly rising demand. From that point on, things moved rapidly: in 2005 the Board of Trustees of the Documentation Center, in consultation with the Nuremberg judiciary, decided to advance the project of

schnell: 2005 fasste das Kuratorium des Dokumentationszentrums in Absprache mit der Nürnberger Justiz den Beschluss, die Errichtung einer Dauerausstellung im Justizpalast voranzutreiben. Bereits im Folgejahr gab der Nürnberger Stadtrat grünes Licht, 2007 willigten der Bund und der Freistaat Bayern in ein gemeinsames Finanzierungskonzept ein. Auch die Planungs- und Realisierungszeit von gerade einmal drei Jahren gelang ungewöhnlich schnell für ein Vorhaben dieser Größenordnung. Dieser zügige Aufbau war neben dem hohen persönlichen Einsatz des Gründungsteams um den damaligen Leiter des Dokumentationszentrums Reichsparteitagsgelände Hans-Christian Täubrich dem großen Engagement der Nürnberger Justiz zu verdanken, die das Vorhaben von Anfang an mit Nachdruck unterstützte. So konnte 2010 mit der Eröffnung des Memoriums eine wichtige Lücke in der deutschen Erinnerungslandschaft geschlossen werden, die bis zu diesem Zeitpunkt auf eine umfassende und permanente museale Auseinandersetzung mit dem Beginn der Aufarbeitung der NS-Verbrechen hatte verzichten müssen.

Mit der feierlichen Einweihung eines Hauses ist es aber nicht getan. Die eigentliche Arbeit beginnt erst danach. So auch im Memorium, das in den vergangenen Jahren verschiedene Herausforderungen zu meistern hatte, die alle zu einem Prozess des „Erwachsenwerdens" der Institution beitrugen. Zu den zentralen Aufgaben der Profilschärfung gehörte und gehört noch heute die Auseinandersetzung mit dem häufig anzutreffenden Missverständnis, der thematische Fokus des Memoriums sei die NS-Geschichte. Tatsächlich aber befasst sich das Memorium weniger mit der Geschichte des Nationalsozialismus, sondern reflektiert vielmehr den juristischen, politischen und gesellschaftlichen Umgang mit den nationalsozialistischen Verbrechen und ihren Verantwortlichen nach Ende des Zweiten Weltkrieges.

setting up a permanent exhibition at the Palace of Justice. The next year, the Nuremberg City Council gave the green light for the idea, and in 2007, the federal government and the Free State of Bavaria established a joint funding concept. The successful planning and execution of the project within only three years was also unusually rapid for an undertaking of this size. The completion owed its speed not only to the strong personal commitment of the founding team headed by Hans-Christian Täubrich, then head of the Documentation Center at the Nazi Party Rally Grounds, but also to the vigorous involvement of the Nuremberg judiciary, who had emphatically supported the project from the very start. Thus the opening of the Memorium in 2010 filled an important gap in the German landscape of remembrance, which until that time had had no comprehensive, permanent museum presentation devoted to the point at which investigation of the crimes of National Socialism began.

The festive inauguration of any institution, however, is not the end of the story. The real work begins only afterwards. Such was the case at the Memorium as well, which has had to overcome a variety of challenges over the past few years, all of which have contributed to helping the institution mature. One of the key tasks in refining its profile – one which remains important today – has been to address the frequent misconception that the Memorium's thematic focus is the history of Nazism. In fact, however, the Memorium is less concerned with the history of National Socialism than with the legal, political and social avenues through which National Socialist crimes and those responsible for them were dealt with after the end of World War II.

Another unusual feature is the institution's extensive international reach. Some three-quarters of all visitors

Feierliche Eröffnung des Memoriums Nürnberger Prozesse. Der russische Außenminister Sergei Lawrow, der Nürnberger Oberbürgermeister Ulrich Maly (SPD), Bundesaußenminister Guido Westerwelle (FDP) und der ehemalige französische Außenminister Roland Dumas zu Beginn des Festakts im Saal 600. Nürnberg, 21. November 2010, picture alliance/dpa | Daniel Karmann

Ceremonial opening of the Memorium Nuremberg Trials. Russian Foreign Minister Sergei Lavrov, Nuremberg Mayor Ulrich Maly (SPD), Federal Foreign Minister Guido Westerwelle (FDP) and former French Foreign Minister Roland Dumas at the start of the ceremony in Courtroom 600. Nuremberg, November 21, 2010, picture alliance/dpa | Daniel Karmann

Eine weitere Besonderheit ist die starke internationale Reichweite. Rund drei Viertel aller Besucher*innen stammen aus dem Ausland – in Deutschland werden der historische Ort der Nürnberger Prozesse und die dazugehörige Vermittlungsinstitution deutlich weniger wahrgenommen

come from other countries; the historic site of the Nuremberg Trials and the associated informational institution are considerably less well-known in Germany than internationally. This is no surprise, when one realizes that Room 600 is not an exclusively "German" site of remem-

Blick in die Dauerausstellung, Nürnberg, 2020, Museen der Stadt Nürnberg, Memorium Nürnberger Prozesse, Fotograf: Tim Hufnagl
View of the permanent exhibition, Nuremberg, 2020, Nuremberg Municipal Museums, Memorium Nuremberg Trials, Photographer: Tim Hufnagl

Anklagebänke aus dem „Hauptkriegsverbrecherprozess", Nürnberg, 2014, Museen der Stadt Nürnberg, Memorium Nürnberger Prozesse, Fotograf: matthaeus photographer

The dock from the Major War Criminals Trial, Nuremberg, 2014, Nuremberg Municipal Museums, Memorium Nuremberg Trials; Photographer: matthaeus photographer

als im internationalen Vergleich. Überraschend ist das nicht, wenn man bedenkt, dass der Saal 600 kein „deutscher" Erinnerungsort ist, sondern im Gedächtnis vieler Staaten fest verankert ist. Manchmal erscheint es so, als ob hierzulande noch nicht überall verstanden worden sei, über welchen „Schatz" man hier verfügt. Denn den Nürnberger Prozess gegen die „Hauptkriegsverbrecher" zeichneten vor allem zwei Eigenschaften aus: erstens das Bekenntnis zu rechtsstaatlichen Maßstäben, statt mit der Macht der Sieger willkürlich Rache zu üben und zweitens eine politische Kooperation über Staats- und Ideologiegrenzen hinweg, die dieses alliierte Verfahren überhaupt erst ermöglichte. Rechtsstaatlichkeit und Multilateralismus – zwei Errungenschaften, die weltweit aktueller nicht sein könnten!

Mehr als 800 000 Menschen aus aller Welt besuchten die Ausstellung seit ihrer Eröffnung. Diese Zahl ist erst recht bemerkenswert, wenn man bedenkt, dass das Memorium bisher aufgrund des Fehlens von Wechselausstellungsflächen sowie eigenen Veranstaltungsräumen nur wenige Möglichkeiten zu einer thematischen Erweiterung über die Dauerausstellung hinaus hatte. Erst die geplanten Erweiterungen des Memoriums werden hier mit einer Vergrößerung der Ausstellungsfläche, der Errichtung eines Besucherzentrums sowie zusätzlichen Ausstellungs-, Seminar- und Veranstaltungsräumen Abhilfe schaffen können.

Mit der Freigabe des historischen Gerichtssaals durch die Justiz ist im März 2020 bereits ein zukunftsweisender Schritt erfolgt. Das größte Exponat des Hauses, der Saal 600, ist nun während der Öffnungszeiten weitgehend uneingeschränkt zugänglich und kann zukünftig besser in das museale Konzept eingebunden werden, das eine multimediale Präsentation des historischen Zustands von 1945 in Originalgröße vorsieht. Ab November 2020 können

brance, but is firmly anchored in the memory of many countries. At times it still seems as though in this country, not everyone understands yet what a treasure we have here. After all, the Nuremberg Trial of the Major War Criminals was especially characterized by two features: first, the commitment to standards of the rule of law, instead of allowing the victorious powers to take indiscriminate revenge; and second, a political cooperation across national and ideological boundaries, without which this allied proceeding would never have been possible in the first place. The rule of law and multilateralism – two achievements that could not be more relevant in today's world.

More than 800,000 people from all over the world have visited the exhibition since it opened. That figure is especially remarkable when we note that until now, the lack of space for temporary exhibitions and of its own rooms for events has left the Memorium with few options to expand its treatment of its theme beyond the permanent exhibition alone. This problem is is finally being remedied by the planned expansions of the Memorium, with an enlarged exhibition space, construction of a visitor center, and additional rooms for exhibitions, seminars, and other events.

When the judiciary vacated the historic courtroom in March 2020, that was already a step into the future. The institution's chief exhibit, Room 600, is now accessible largely without restrictions during opening hours, and in the future will be better incorporated into the museum context, with plans for a life-sized multimedia presentation of the historic condition of the space in 1945. In addition, in November 2020 the first temporary exhibitions will be able to debut in the newly created "Cube 600." This former automotive repair shop near the

Ankläger (mittig) und Verteidiger (vorne rechts), Sekretäre (vorne) und Besucher (hinten) stehen beim Eintreten der Richter während des „Hauptkriegsverbrecherprozesses", Nürnberg, 1945/46, Stadtarchiv Nürnberg A65/I Nr. RA-191
Prosecutors (center) and defense attorneys (anterior right), secretaries (anterior) and visitors (back) stand when the judges enter during the Major War Criminals Trial, Nuremberg, 1945/46, Nuremberg City Archives A65/I Nr. RA-191

Lesung im Saal 600 mit der Schauspielerin Katja Riemann und dem Autor Philippe Sands im Gespräch mit der damaligen Leiterin des Memoriums Henrike Claussen (v. l.), Nürnberg, 2018, Museen der Stadt Nürnberg, Memorium Nürnberger Prozesse, Fotograf: LÉROT/Leon Greiner

Reading in Courtroom 600 with actress Katja Riemann and author Philippe Sands, in conversation with the then head of the Memorium Henrike Claussen (from left), Nuremberg, 2018, Nuremberg Municipal Museums, Memorium Nuremberg Trials, Photographer: LÉROT/Leon Greiner

Der Ostbau des Justizpalasts beherbergt den Saal 600 und das Memorium. Im Sommer 2020 wurde aus der einstigen Kfz-Werkstatt (mittig) der Cube 600, ein Interimsgebäude für Wechselausstellungen, Nürnberg, 2018, Stadt Nürnberg, Foto: Christine Dierenbach
The east building of the Palace of Justice houses Courtroom 600 and the Memorium. In the summer of 2020, the former automotive workshop (center) became "Cube 600," an interim building for temporary exhibitions, Nuremberg, 2018, City of Nuremberg, Photo: Christine Dierenbach

Der Cube 600 kurz vor Abschluss der Renovierungsarbeiten, Nürnberg, Oktober 2020, Museen der Stadt Nürnberg, Memorium Nürnberger Prozesse
Cube 600 shortly before completion of the renovation work, Nuremberg, October 2020, Nuremberg Municipal Museums, Memorium Nuremberg Trials

zudem erste Wechselausstellungen im neu geschaffenen „Cube 600" umgesetzt werden. Die ehemalige Autowerkstatt unweit des Memoriums wird im Umfeld des Festakts zum 75. Jahrestags des Nürnberger „Hauptkriegsverbrecherprozesses" eröffnet.

Begleitend zur klassischen Ausstellungsarbeit hat sich das Memorium von Anfang an als eine Einrichtung der historisch-politischen Bildungsarbeit verstanden und diesen Bereich kontinuierlich ausgebaut. So nutzen in den letzten Jahren bereits über 90 000 Gäste die pädagogischen Angebote in Führungen und Workshops. Die stetige Weiterentwicklung der Vermittlungsangebote spiegelt die Gegenwartsorientierung des Memoriums wider. Sie wird geleitet von der Frage „Wie lässt es sich in Zukunft verhindern?", anstatt nach dem „Wie konnte es passieren?" zu fragen. Dazu gehört beispielsweise die Auseinandersetzung mit den Möglichkeiten und Grenzen einer supranationalen völkerstrafrechtlichen Praxis ebenso wie die eigene Überprüfung persönlicher Meinungen und Handlungsmaximen. Es geht also um die Menschen von heute und damit um unsere Gegenwart und Zukunft.

Das ständige Wechselspiel zwischen historischer Betrachtung und Diskussion der Gegenwart, die Verbindung verschiedenster Fachdisziplinen und die Auseinandersetzung mit unterschiedlichen nationalen Perspektiven prägen das Memorium und seine Arbeit. Sie machen es zu einer besonderen Institution, die sich nicht in die gängigen Kategorien eines „Museums" oder einer „Gedenkstätte" einsortieren lässt. Das Memorium ist ein Solitär in der deutschen und internationalen Erinnerungslandschaft und es wird ein stetiger Prozess sein, diese Besonderheiten weiter herauszuarbeiten.

Memorium will open as part of the ceremony marking the 75th anniversary of the Nuremberg Trial of Major War Criminals.

Along with its classic exhibition work, from the very start the Memorium has also viewed itself as an institution for historical and political education, and has continuously expanded that aspect of its work. In recent years, more than 90,000 guests have already taken advantage of educational services for guided tours and workshops. The continuous further development of informational services reflects how the Memorium keeps its focus on the present. It is guided by asking, "How can this be prevented in the future?" – rather than "How could this have happened?" This includes, for instance, exploring the possibilities and limitations of a practical supranational form of international criminal law, along with personal examinations of one's own opinions and principles of action. So the work is about the people of today, and thus our own present and future.

The Memorium and its work are shaped by a constant interplay between reflection on history and discussion of the present, an involvement with a wide range of disciplines, and an exploration of varied international perspectives. These make it a special institution that does not easily fit into the common categories of a "museum" or "memorial site." The Memorium is one of a kind in the German and international landscape of remembrance, and the work of continuing to develop these special features will be an ongoing process.

SCHWURGERICHTSSAAL 600 – SCHICKSALSORT DER WELTGESCHICHTE

Thomas Dickert

Unter einem Schicksalsort der Weltgeschichte verstehe ich einen Ort, an dem ein Ereignis von weltgeschichtlicher Bedeutung stattgefunden hat. Ein solcher Ort ist der Friedenssaal im gotischen Rathaus zu Münster, in dem am 15. Mai 1648 der Abschluss des Spanisch-Niederländischen Friedens beschworen wurde. Auch den Schwurgerichtssaal 600 im Nürnberger Justizpalast reihe ich hier ein. Errichtet als normaler Gerichtssaal wurde in ihm nach dem Zusammenbruch des Naziregimes Weltgeschichte geschrieben.

Sitzungspremiere in dem Saal war am 13. November 1916. Angeklagt war ein zwanzigjähriger Dienstknecht, der von den Geschworenen des schweren Raubs und Diebstahls für schuldig befunden wurde.

Am 8. August 1945 beschlossen die vier Siegermächte in London die Einrichtung eines Internationalen Militärtribunals. Die amerikanischen Besatzungsbehörden ordneten die sofortige Räumung des Nürnberger Justizgebäudes durch die deutsche Justiz an. Im Schwurgerichtssaal 600 befand sich zu dieser Zeit bereits ein Sozialraum der amerikanischen GI's, die „TEXAS BAR". Der Weltöffentlichkeit bekannt wurden der Nürnberger Justizpalast und der Schwurgerichtssaal 600 durch den hier durchgeführten „Hauptkriegsverbrecherprozess". Mit Fug und Recht lässt sich behaupten, dass der Schwurgerichtssaal 600 dadurch zum wohl berühmtesten Gerichtssaal der Welt wurde. Jährlich kommen rund 100 000 Besucherinnen und Be-

COURTROOM 600 – A PIVOTAL SITE IN WORLD HISTORY

Thomas Dickert

To me, a pivotal site in world history is a place where an event of world historical importance took place. One such place is the Hall of Peace, or Friedenssaal, in Münster's Gothic city hall, where the peace treaty ending the Thirty Years' War was signed between Spain and the Dutch Republic on May 15, 1648. I would also consider Courtroom 600 in Nuremberg's Palace of Justice such a location. This previously unremarkable courtroom was where world history was made after the collapse of the Nazi regime.

The first sessions were held in this courtroom on November 13, 1916. The defendant was a twenty-year-old servant, who was found guilty of aggravated robbery and theft.

In London on August 8, 1945, the victorious allied powers resolved to establish an International Military Tribunal. The American occupation authorities ordered the German courts to vacate the Nuremberg courthouse immediately. Courtroom 600 was already in use at the time as the "TEXAS BAR," a space where American GIs could socialize. Nuremberg's Palace of Justice and Courtroom 600 subsequently became known to the global public through the Trial of the Major War Criminals – quite arguably making this the most famous courtroom in the world. Every year, some 100,000 visitors from all over the globe come to Nuremberg to see this room and learn about its history.

Schwurgerichtssaal 600, Nürnberg, vermutlich 1916, Fotograf unbekannt, Staatliches Bauamt
Erlangen–Nürnberg
Courtroom 600, Nuremberg, probably 1916, photographer unknown, State Building Authority
Erlangen–Nuremberg

Umbauarbeiten im Schwurgerichtssaal 600, Nürnberg, Spätsommer 1945, National Archives, College Park, MD, USA
Renovation work in Courtroom 600, Nuremberg, late summer 1945, National Archives, College Park, MD, USA

Schwurgerichtssaal 600 nach den Umbauten, Nürnberg, Spätsommer 1945, National Archives, College Park, MD, USA
Courtroom 600 after the renovations, Nuremberg, late summer 1945, National Archives, College Park, MD, USA

sucher aus aller Welt nach Nürnberg, um diesen Saal zu sehen und seine Geschichte zu erfahren.

Es folgten 12 weitere Prozesse, die sogenannten Nachfolgeprozesse – allerdings nur noch vor US-Tribunalen – gegen 185 Personen (Minister, Regierungsbeamte, Militärs, Ärzte, Juristen, Wirtschaftsvertreter), deren letzter im April 1949 zu Ende ging.

Nach einer Odyssee durch diverse externe Unterbringungen konnte das Nürnberger Schwurgericht erstmals wieder am 13. Juni 1960 im Schwurgerichtssaal 600 verhandeln. Auf dem Sitzungsplan stand ein Fall von Kindstötung. Stufenweise erfolgte der Wiedereinzug der Nürnberger Justiz in ihr Gebäude, das aber weiterhin unter der Verwaltung der US-Dienststellen stand. Die formelle Rückgabe an den damaligen Präsidenten des Oberlandesgerichts Theodor Hauth (1959–1969) erfolgte in schlichter Form am 22. Dezember 1969 im Königssaal – fast 25 Jahre, nachdem die Justiz ihr Gebäude überstürzt hatte räumen müssen.

Mit der Rückkehr der Justiz gingen umfangreiche Baumaßnahmen einher, die am Ende 12 Millionen Mark kosteten. Auf Betreiben von Theodor Hauth wurde der Schwurgerichtssaal 600 – den damaligen Bedürfnissen der Justiz entsprechend – weitgehend in seinen Zustand vor dem „Hauptkriegsverbrecherprozess" zurückversetzt. So kommt es, dass der Saal heute anders aussieht, als dies während des „Hauptkriegsverbrecherprozesses" der Fall war und wie er vielen Menschen durch Originalfotos und Filmaufnahmen bekannt ist.

Das letzte Urteil im Schwurgerichtssaal 600 wurde am 20. Februar 2020 gesprochen. Das Verfahren war ebenso unspektakulär wie der erste Prozess im Jahr 1916 und die

Twelve more trials followed – the "subsequent Nuremberg Trials," held only before U.S. military tribunals – against 185 persons (ministers, government officials, members of the military, doctors, jurists, businessmen). The last of these trials concluded in April 1949.

An odyssey of miscellaneous uses by other outside entities ensued. It was not until June 13, 1960, that the Nuremberg Criminal Court returned to hold hearings in Courtroom 600. A case of infanticide was on the docket. Little by little, the Nuremberg courts returned to the building, although it remained under the administration of the U.S. authorities. On December 22, 1969 – almost 25 years after the courts had precipitously been ordered to leave their building – the premises were formally handed back to Justice Theodor Hauth, then the Chief Justice of the Higher Regional Court (1959–1969), in an unostentatious ceremony at the Königssaal, the building's "Royal Hall."

The courts' return was accompanied by extensive construction work that ultimately cost 12 million marks. At Justice Hauth's instigation, to meet the courts' needs at the time Courtroom 600 was largely restored to its condition prior to the Major War Criminals Trial. It thus came about that today the room looks different from the way it did during that trial – the way many people know it from original photographs and films.

The last verdict was pronounced in Courtroom 600 on February 20, 2020. The proceeding was just as unsensational as the first trial in 1916 and the first postwar hearing in 1960. The accused, on trial for the attempted murder of his wife, was ultimately convicted of assault and battery and defamation, and was sentenced to an aggregate term of two years and nine months of imprisonment.

erste Verhandlung nach dem Krieg im Jahr 1960. Der Angeklagte, dem die versuchte Tötung seiner Ehefrau vorgeworfen worden war, wurde schließlich der Körperverletzung, Bedrohung und Beleidigung schuldig gesprochen und zu einer Gesamtfreiheitsstrafe von zwei Jahren und neun Monaten verurteilt.

Für mich persönlich war und ist der Schwurgerichtssaal 600 mehr als ein gewöhnlicher Gerichtssaal. Ich habe diesen berühmten Saal stets auch als Ort der Begegnung und Erinnerung empfunden. Unzählige, meist gut besuchte Veranstaltungen zu den vielfältigsten Themen und mit den unterschiedlichsten Teilnehmern, haben hier stattgefunden. Hochgestellte Persönlichkeiten aus der ganzen Welt durften wir durch den Saal führen und ihnen seine reiche Geschichte näherbringen. Ein Highlight war, als am 14. April 2016 der niederländische König Willem-Alexander und seine Frau Máxima zu Besuch waren. Der Saal diente als Filmkulisse und wurde in den Rundgang des Memoriums Nürnberger Prozesse integriert. Die Historie war dabei stets präsent in diesem ehrwürdigen Saal, der eine ganz besondere Aura verströmt, welcher sich kaum jemand entziehen kann.

Im Februar 2020 hat die Strafabteilung des Landgerichts Nürnberg-Fürth den Ostbau des Nürnberger Justizpalastes geräumt und ist in das neu errichtete Strafjustizzentrum am Westende des Justizgebäudes umgezogen. Die erste Strafkammersitzung fand dort am 2. März statt. Im neuen Strafjustizzentrum sind 27 Richterinnen und Richter von sechs großen Strafkammern, einer großen Jugendstrafkammer und der Strafvollstreckungskammer sowie elf Mitarbeiterinnen und Mitarbeiter des Unterstützungsbereichs, dazu noch Bedienstete des Justizwachtmeisterdienstes tätig. Der Neubau kostete gut 28 Millionen Euro und bietet eine Nutzfläche von 3 550 m². Sieben Sitzungs-

„Das letzte Urteil", Nürnberg, 20. Februar 2020, picture alliance/dpa | Daniel Karmann
"The last judgment," Nuremberg, February 20, 2020, picture alliance/dpa | Daniel Karmann

Das niederländische Königspaar Willem-Alexander und Máxima mit dem bayrischen Finanz-
minister Dr. Markus Söder (CSU) zu Besuch im Memorium Nürnberger Prozesse, Nürnberg,
14. April 2016, picture alliance/dpa | Nicolas Armer
The Dutch royal couple Willem-Alexander and Máxima with the Bavarian Finance Minister
Dr. Markus Söder (CSU) visiting the Memorium Nuremberg Trials, Nuremberg, April 14, 2016,
picture alliance/dpa | Nicolas Poor

säle unterschiedlicher Größe stehen den Strafkammern des Landgerichts mit modernster technischer Ausstattung zur Verfügung. Wichtig ist mir die Feststellung, dass es sich bei dem Neubau um den ersten Bauabschnitt eines Nürnberger Strafjustizzentrums handelt, welches erst mit der Errichtung eines deutlich größeren zweiten Bauab-schnitts eines Tages vollendet sein wird. Erst mit dem zweiten Bauabschnitt werden die erhebliche Raumnot der Nürnberger Justiz und die zersplitterte Unterbringung behoben werden können.

For me personally, Courtroom 600 has long been more than just an everyday courtroom. I have always also ex-perienced this room as a place of meeting and remem-brance. Countless events, most of them well-attended, have been held here on the most varied topics and with the most diverse participants. We have provided tours of the room for VIPs from all over the world, explaining its rich history. One highlight was the visit of Dutch King Wil-lem-Alexander and Queen Máxima on April 14, 2016. The room has served as a film set, and has been incorporated

Die Entscheidung für die Erstellung des Neubaus und die Räumung des Ostbaus geht auf das Jahr 2012 zurück. Damals war ich Finanzchef im Bayerischen Staatsministerium der Justiz. Nach mehrmonatigen Verhandlungen, die ich für die Justiz mit dem Finanzministerium führen durfte, trafen sich am 14. Februar 2012 in der Gaststätte des Bayerischen Landtags die damalige Staatsministerin der Justiz Dr. Beate Merk, der damalige Staatsminister der Finanzen Dr. Markus Söder, der damalige Amtschef des Staatsministeriums der Finanzen Wolfgang Lazik und der Verfasser dieses Artikels und schlossen folgende Vereinbarung:

1. Die Justiz erhält ein Sitzungssaalgebäude nebst den erforderlichen Einrichtungen auf dem sogenannten VAG-Gelände.
2. [...]
3. Bis zur Bezugsfertigung des neuen Sitzungssaalgebäudes wird der Schwurgerichtssaal an zwei weiteren Tagen (Montag und Freitag) für museale Zwecke zur Verfügung gestellt. Der Saal steht damit jeweils von Freitag bis einschließlich Montag für Besucher offen. Von Dienstag bis Donnerstag steht der Saal für die Nürnberger Justiz zur Verfügung.
4. Für die Übergangszeit wird an die Nürnberger Prozesse und den Saalzustand von 1945 bis 1949 durch Rollbanner, Fotoplanen und Transparente erinnert.

Dieses Beratungsergebnis, das der Öffentlichkeit bei einer Pressekonferenz am 3. September 2012 vorgestellt wurde, ist in den Folgejahren konsequent und erfolgreich umgesetzt worden. Mit der Räumung des Ostbaus durch die Nürnberger Justiz ist die lang ersehnte Erweiterung des Memoriums Nürnberger Prozesse möglich geworden.

Von der ursprünglichen Idee, den Saal in den Zustand zur Zeit des „Hauptkriegsverbrecherprozesses" zu versetzen,

into the tour of the Memorium Nuremberg Trials. History has always been palpable in this venerable room, which carries a special aura that few can ignore.

In February 2020, the Criminal Division of the Nuremberg-Fürth Regional Court vacated the eastern wing of the Nuremberg Palace of Justice and moved to the new Criminal Justice Center west of the building. The first criminal session was held in the new building on March 2. The new Criminal Justice Center accommodates the work of 27 judges in six major criminal chambers, a large juvenile criminal chamber and the chamber for correctional matters, plus eleven support employees and various officers of the judicial constabulary. The new building cost over 28 million euros, and has 3,550 square meters of usable floor space. The Regional Court's criminal chambers have the use of seven courtrooms of different sizes, outfitted with the latest technical equipment. One point I find important to note is that this new building is the first phase of construction of a Nuremberg Criminal Justice Center that will be completed someday only with the construction of a significantly larger second phase. Only this second phase of construction will relieve the significant shortage of space available to the Nuremberg courts, and the courts' fragmented quarters.

The decision to put up a new building and vacate the East Wing goes back to 2012. At the time, I was the Head of Finance at the Bavarian State Ministry of Justice. After several months of negotiations that I had the privilege of conducting with the Finance Ministry on the courts' behalf, a meeting was held at the Bavarian Parliament's restaurant on February 14, 2012, with then-State Minister of Justice Dr. Beate Merk, then State Finance Minister Dr. Markus Söder, then department head of the State Finance Ministry Wolfgang Lazik, and myself. The following agreement was reached:

Das neu errichtete Strafjustizzentrum, Nürnberg, Frühjahr 2020, Koy + Winkel
The newly built criminal justice center, Nuremberg, spring 2020, Koy + Winkel

hat man sich – aus meiner Sicht zu Recht – schon seit längerem verabschiedet. Außerdem gehören auch die Zeiträume vor und nach den Nürnberger Prozessen zur Geschichte des Saals. Die Räumung des Ostbaus wird es dem Memorium ermöglichen, seine Ausstellungsfläche fast zu verdoppeln.

Kürzlich habe ich den Schwurgerichtssaal 600 dem neu gewählten Präsidenten der IHK Nürnberg für Mittelfranken Dr. Armin Zitzmann gezeigt. Der Saal ist und bleibt ein ganz besonderer Ort. Gebaut und eröffnet während eines Weltkrieges, tagte hier zunächst das Schwurgericht

1. The courts will receive a courtroom building, along with the necessary facilities, on what is known as the VAG site.
2. [...]
3. Until the new courtroom building is ready for occupancy, the Criminal Courtroom will be available for museum purposes on two additional days (Monday and Friday). The room will thus be available to visitors Fridays through Mondays. The room will be available to the Nuremberg courts Tuesdays through Thursdays.
4. For the transitional period, reminders of the Nuremberg Trials and the room's condition from 1945 through

nach rechtsstaatlichen Grundsätzen. Dann wurde das Recht durch ein Nazi-Sondergericht pervertiert. Nach 1945 wurden in diesem Saal Verbrecher des Nazi-Regimes zur Rechenschaft gezogen. Die dabei entwickelten Nürnberger Prinzipien haben Weltgeschichte geschrieben. Dann fiel der Saal wieder zurück in seine ursprüngliche Verwendung als ganz normaler Schwurgerichtssaal. Seine Vorgeschichte war fast vergessen. Erst beginnend vor etwa 20 Jahren wurde die welthistorische Relevanz dieses Ortes neu entdeckt. Verschiedene Institutionen halten diese Erinnerung wach und tragen dazu bei, dass die Nürnberger Prinzipien weiterentwickelt und beachtet werden. Als Ort der Begegnung und Erinnerung wird der Schwurgerichtssaal 600 auch künftige Generationen von Besucherinnen und Besuchern aus aller Welt in seinen Bann ziehen.

1949 will be provided with roll-up displays, photographic plans, and backlit panels.

The results from this discussion, which were presented to the public at a press conference on September 3, 2012, were systematically and successfully put into action over the subsequent years. When the Nuremberg courts vacated the East Wing, the long-desired expansion of the Memorium Nuremberg Trials became possible.

The original concept was to restore the room to its condition at the time of the Trial of the Major War Criminals. But that idea was – I believe rightly – discarded some time ago. After all, the periods before and after the Nuremberg Trials are also part of the room's history. Vacating the East Wing will enable the Memorium to nearly double its exhibition space.

I recently showed the new President of the Nuremberg Chamber of Industry and Commerce for Middle Franconia, Dr. Armin Zitzmann, around Courtroom 600. The room remains a very exceptional space. Built and opened during a World War, it was a place where the Criminal Court originally sat under the rule of law. Then the law was perverted with a Nazi "special court." After 1945, criminals of the Nazi regime were called to account in this room. The Nuremberg Principles that evolved during those proceedings made world history. The room then returned to its original use as a thoroughly unremarkable courtroom. Its previous history was almost forgotten. Not until about 20 years ago did people begin to rediscover the site's relevance to world history. A variety of institutions have kept that memory alive, and help keep the Nuremberg Principles evolving and respected. As a place of meeting and remembrance, Courtroom 600 will continue to fascinate future generations of visitors from all over the world.

DIE NÜRNBERGER PROZESSE: GRUNDSTEIN FÜR DAS MODERNE VÖLKERSTRAFRECHT

Viviane Dittrich

Vor 75 Jahren wurde im Saal 600 des Nürnberger Justizpalastes Weltgeschichte geschrieben, und Nürnberg gilt seither als Wiege des modernen Völkerstrafrechts. Am 21. November 1945 eröffnete der amerikanische Chefankläger Robert H. Jackson den „Hauptkriegsverbrecherprozess" vor dem Internationalen Militärtribunal (IMT) von Nürnberg mit Worten, die das Völkerstrafrecht nachhaltig prägen sollten:

> „Dass vier große Nationen, erfüllt von ihrem Siege und schmerzlich gepeinigt von dem geschehenen Unrecht, nicht Rache üben, sondern ihre gefangenen Feinde freiwillig dem Richtspruch des Gesetzes übergeben, ist eines der bedeutsamsten Zugeständnisse, das die Macht jemals der Vernunft eingeräumt hat."

Jackson erkannte, dass die vier Siegermächte, d. h. Frankreich, Großbritannien, die Sowjetunion und die USA, an einem historischen Scheidepunkt standen. Anstatt Rache zu nehmen, entschieden sie sich dazu, die Spitzenfunktionäre des nationalsozialistischen Regimes vor einen internationalen Gerichtshof zu stellen und Recht walten zu lassen. Die Alliierten legten dadurch vor 75 Jahren den Grundstein für das heutige Völkerstrafrecht, dem als Grundprinzip vorausgeht, dass Völkerrechtsverbrechen durch rechtsstaatliche Verfahren verfolgt und geahndet werden und nicht durch Rache und Krieg. Diese Idee hat-

THE NUREMBERG TRIALS: THE FOUNDATION OF MODERN INTERNATIONAL CRIMINAL LAW

Viviane Dittrich

Seventy-five years ago, world history was made in Courtroom 600 of the Nuremberg Palace of Justice, and Nuremberg has been considered the birthplace of modern international criminal law ever since. On November 21, 1945, Robert H. Jackson, the American chief prosecutor, opened the Trial of the Major War Criminals before the International Military Tribunal (IMT) in Nuremberg with words that would have a lasting resonance in international criminal law:

> "That four great nations, flushed with victory and stung with injury, stay the hand of vengeance and voluntarily submit their captive enemies to the judgment of the law is one of the most significant tributes that Power has ever paid to Reason."

Jackson understood that the four victorious powers – France, the United Kingdom, the Soviet Union, and the United States – were at a historic crossroads. Instead of taking vengeance, they decided to try the top functionaries of the National Socialist regime before an international court and let the law take its course. Thus, 75 years ago, the Allies laid the foundation of modern international criminal law, which proceeds from the fundamental principle that international crimes are prosecuted and punished through legal proceedings in accordance with the rule of law, and not with revenge and war. The vic-

Der amerikanische Chefankläger Robert H. Jackson am Rednerpult während des „Hauptkriegsverbrecherprozesses", Nürnberg, 1945/46, Museen der Stadt Nürnberg, Fotograf: Ray D'Addario
The American Chief Prosecutor Robert H. Jackson at the lectern during the Major War Criminals Trial, Nuremberg, 1945/46, Nuremberg Municipal Museums, Photographer: Ray D'Addario

ten die Siegermächte schon nach dem Ersten Weltkrieg: Artikel 227 des Versailler Vertrages sah vor, den deutschen Kaiser „wegen schwerer Verletzung des internationalen Sittengesetzes und der Heiligkeit der Verträge" vor einen besonderen Gerichtshof zu bringen – hierzu kam es jedoch nicht.

torious powers had already had this idea after World War I: Article 227 of the Treaty of Versailles had provided that the German Kaiser should be brought before a special court "for a supreme offence [sic] against international morality and the sanctity of treaties." But that did not come about.

Gefängniszellen der Angeklagten, Nürnberg, 1945/46, Stadtarchiv Nürnberg
A65/III Nr. RA-121-D
Prison Cells for the defendants, Nuremberg, 1945/46, Nuremberg City Archives
A65/III Nr. RA-121-D

Im „Hauptkriegsverbrecherprozess" in Nürnberg wurden 24 Individuen angeklagt. Drei Völkerrechtsverbrechen standen im Fokus: Die erste Kategorie war das „Verbrechen gegen den Frieden", heutzutage Aggressionsverbrechen genannt. Hierunter fiel insbesondere das Führen von Angriffskriegen unter Verletzung bestehender internationaler Verträge. Die zweite Kategorie waren „Kriegsverbrechen", namentlich Verstöße gegen die Haager Konventionen von 1899 und 1907 und die Genfer Konventionen von 1864, die als erster völkerrechtlicher Vertrag u. a. den Schutz von Verwundeten in Kriegszeiten reguliert. Hierbei handelte es sich um Verbrechen, die bereits tief im Völkerrecht verankert waren und daher eine solide rechtliche Basis für die Anklage mitbrachten. Die dritte Kategorie bezog sich auf „Verbrechen gegen die Menschlichkeit" – ein juristisches Novum. Die Postulierung des neuen Tatbestands zielte darauf ab, die systematische Verfolgung und Ermordung der europäischen Juden durch die Nationalsozialisten zu ahnden. Ausschlaggebend bei der Definition in der Londoner Charta, die am 8. August 1945 von den Alliierten in London unterzeichnet worden war, war die Auffassung, dass Verbrechen gegen die Menschlichkeit nur in die Zuständigkeit des IMT fielen, wenn sie in direkter Verbindung mit dem Angriffskrieg und Kriegsverbrechen standen. Diese Beschränkung wurde erst weit nach Nürnberg aufgelöst.

Der Nürnberger „Hauptkriegsverbrecherprozess" gilt als Geburtsstunde eines neuen Völkerrechtsverständnisses, das mit der Einführung der Verbrechen gegen die Menschlichkeit, wenn auch in restriktiver Form, angestoßen wurde und heute einen festen Bestandteil des Völkerstrafrechts darstellt. Obwohl die ersten Versuche einer strafrechtlichen Ahndung von Verbrechen weiter zurückreichen, war eine neue Auffassung von Staatssouveränität prägend. Seit Nürnberg hat sich durchgesetzt, dass der Umgang mit

In the Trial of the Major War Criminals in Nuremberg, twenty-four individuals were charged. The focus was on three crimes against international law. The first category was "Crime against Peace" – what today is referred to as the crime of aggression. This particularly includes waging a war of aggression in violation of established international treaties. The second category was "War Crimes," crimes in the conduct of war, meaning violations of the Hague Conventions of 1899 and 1907 and the Geneva Conventions of 1864 – the first international treaty to regulate such matters as protecting the wounded in time of war. These were crimes already deeply anchored in international law, and thus provided a solid legal basis for the charges. The third category was "Crimes against Humanity" – a legal novelty. Postulating this new form of crime was aimed at prosecuting the National Socialists' systematic persecution and murder of European Jews. The key feature of the definition in the London Charter that the Allies signed in London on August 8, 1945, was that crimes against humanity would come under the jurisdiction of the IMT only if committed "before or during the war," thus establishing a nexus between crimes against humanity and armed conflict. This limitation was not lifted until after Nuremberg.

The Trial of the Major War Criminals in Nuremberg is considered the birth of a new understanding of international law that was initiated by introducing crimes against humanity – albeit in restricted form – and that today constitutes an established, integral part of international criminal law. Even though the first attempts at prosecuting and punishing crimes go farther back in history, a new interpretation of state sovereignty had a defining effect. Since Nuremberg, it has become established that the way a state treats its own population is not solely a question of national sovereignty, but a matter of concern

Richter, Dolmetscher und Gerichtsreporter des Internationalen Militärgerichtshofs für Fernost (IMTFE) während des Prozesses im ehemaligen Gebäude des Kriegsministeriums, Tokio, 26. November 1946, United States National Archives, 238-FE-46-66422
Judges, interpreters and court-reporters of the International Military Tribunal for the Far East (IMTFE) in session in the former War Ministry Building in Tokyo, November 26, 1946, Courtesy of the United States National Archives, 238-FE-46-66422

der eigenen Bevölkerung durch einen Staat nicht ausschließlich eine Angelegenheit nationaler Souveränität ist, sondern eine Angelegenheit der internationalen Staatengemeinschaft. Zum ersten Mal verständigen sich Staaten darauf, dass es Verbrechen in der Welt gibt, wie die systematische Judenvernichtung, den „Holocaust", die so gewaltig sind und eine so schwere Schuld darstellen, dass sie ein Eingreifen der internationalen Staatengemeinschaft in die nationalen Geschehnisse eines Staates nicht nur rechtfertigen, sondern geradezu erzwingen.

Eine grundlegende Rechtsnorm des heutigen Völkerstrafrechts ist die Festschreibung der persönlichen strafrechtlichen Verantwortlichkeit unabhängig von Amt und Person. Deren Ursprung geht auf die Prozesse in Nürnberg und Tokio zurück und wurde als erster Grundsatz in den Nürnberger Prinzipien prominent verankert. Wie im IMT-Urteil nachzulesen ist, werden Völkerrechtsverbrechen von Individuen verübt und nicht von abstrakten Einheiten wie Staaten. In dieser völkerrechtlichen Neuheit wird das Individuum Adressat des Völkerrechts.

Die UN-Generalversammlung bekräftigte mit Resolution 95/I vom 11. Dezember 1946 die durch das Statut des IMT und das Urteil des Nürnberger Tribunals anerkannten Prinzipien des Völkerrechts und beauftragte mit Resolution 177/II vom 21. November 1947 die neu gegründete UN-Völkerrechtskommission mit der Ausformulierung der sogenannten Nürnberger Prinzipien. Diese erhielten jedoch bis heute keine allgemeine Verbindlichkeit aufgrund der ausbleibenden Annahme der Prinzipien durch die UN-Generalversammlung, sie werden allerdings auch von niemandem ernsthaft bestritten oder in Zweifel gezogen. Die Nürnberger Prinzipien artikulieren u. a. die strafrechtliche Verantwortlichkeit von Individuen, auch höchster

for the international community of states. For the first time, states agreed that there are crimes in the world – such as the Holocaust, the systematic annihilation of Jews – that are so heinous, and of such profound culpability, that they not only justify, but indeed compel, the international community of states to intervene in internal affairs within a state.

A fundamental legal principle of today's international criminal law is individual criminal responsibility irrespective of one's office or person. That principle originates from the trials in Nuremberg and Tokyo. It was prominently enshrined as the first of the Nuremberg Principles. As can be read in the IMT's judgment, crimes against international law are committed by individuals, not by abstract entities like states. This development meant that individuals are considered subjects of international law.

In its Resolution 95/I of December 11, 1946, the General Assembly of the United Nations reconfirmed the principles of international law recognized by the charter of the IMT and the judgment of the Nuremberg Tribunal. In Resolution 177/II of November 21, 1947, the General Assembly directed the newly founded UN International Law Commission to formulate what are known as the Nuremberg Principles. But to this day, while these principles have not been seen as generally binding since the General Assembly did not formally adopt them, no one seriously disputes them or raises doubts about them either. The Nuremberg Principles articulate such matters as individual criminal responsibility, even of those in the highest office, the right to a fair trial, as well as the principles that the lack of imposition of a penalty in domestic law or acting pursuant to superior orders does not relieve a person from responsibility. The paradigm shift since Nuremberg has

Eleanor Roosevelt hält die Allgemeine Erklärung der Menschenrechte der Vereinten Nationen. Sie war Vorsitzende der UN-Menschenrechtskommission, die das Dokument erstellte. Lake Success, New York, 1949, picture alliance/Everett Collection

Eleanor Roosevelt holding United Nations Universal Declaration of Human Rights. She was chair of the UN Human Rights Commission that produced the document. Lake Success, New York, 1949, picture alliance/Everett Collection

Das Gebäude des Internationalen Strafgerichtshofes, Den Haag, Niederlande, 2019, Museen der Stadt Nürnberg, Memorium Nürnberger Prozesse
The building of the International Criminal Court, The Hague, Netherlands, 2019, Nuremberg Municipal Museums, Memorium Nuremberg Trials

Funktionsträger, das Recht auf ein faires Verfahren, sowie die Grundsätze, dass Nichtstrafbarkeit laut nationalem Recht und das Handeln auf Befehl bei Völkerrechtsverbrechen keine Rechtfertigungs- oder Schuldausschlussgründe darstellen. Der Paradigmenwechsel seit Nürnberg setzte neue Maßstäbe für die internationale und nationale Strafverfolgung von Individuen. Ein aktuelles Beispiel ist die Ahndung von in Syrien begangenen Völkerrechtsverbrechen durch den Generalbundesanwalt in Deutschland auf Grundlage des Weltrechtsgrundsatzes und gemäß des Völkerstrafgesetzbuches.

Die nun als bedeutend anerkannten Rechtsgrundsätze fanden nach jahrzehntelangem politischen Stillstand Einzug in die Statuten der neuen Generation internationaler und internationalisierter Strafgerichtshöfe und -tribunale, wie dem Internationalen Strafgerichtshof für das ehemalige Jugoslawien (1993), dem Internationalen Strafgerichtshof für Ruanda (1994) und dem permanenten Internationalen Strafgerichtshof (2002). Erstmals in der Rechtsgeschichte wurde ein ständiger Strafgerichtshof auf der Grundlage eines völkerrechtlichen Vertrags ins Leben gerufen. Das Statut des Internationalen Strafgerichtshofs – das Römische Statut, benannt nach seiner Schaffung in Rom 1998 – war ein Meilenstein in der Institutionalisierung einer internationalen Strafverfolgung. Weitere Meilensteile der rechtlichen Weiterentwicklung sind: die Allgemeine Erklärung der Menschenrechte von 1948, die Völkermordkonvention von 1948, die Neuformulierung der Genfer Konventionen von 1949 und der Zusatzprotokolle von 1977, und in jüngerer Zeit die Aktivierung der Zuständigkeit des Internationalen Strafgerichtshofs für Aggressionsverbrechen am 17. Juli 2018 sowie die aktuellen Bestrebungen zur Schaffung einer Konvention zur Verhinderung und Bestrafung von Verbrechen gegen die Menschlichkeit.

set new standards for individual criminal prosecutions at both the international and national level. One current example are the international crimes committed in Syria, which are prosecuted by the Federal Prosecutor General in Germany on the basis of the principle of universal jurisdiction, and under the German Code of Crimes against International Law.

After decades of political inertia, these significant legal principles were integrated into the statutes of the new generation of international and internationalized criminal courts and tribunals such as the International Criminal Tribunal for the Former Yugoslavia (1993), the International Criminal Tribunal for Rwanda (1994) and the permanent International Criminal Court (2002). For the first time in legal history, a permanent criminal court was created on the basis of an international treaty. The statute of the International Criminal Court – the Rome Statute, named after its establishment in Rome in 1998 – was a milestone in institutionalizing international criminal prosecutions. Other milestones of further legal developments include the Universal Declaration of Human Rights of 1948, the Genocide Convention of 1948, the amended Geneva Conventions of 1949 and the Additional Protocols of 1977, and more recently the activation of the International Criminal Court's jurisdiction over the crime of aggression on July 17, 2018, and the current efforts to establish a convention on the prevention and punishment of crimes against humanity.

The further development of international criminal law and its implementation was by no means a straightforward process, and rather has been and continues to be shaped by cooperation among states and by compromises, but also by controversies. The contemporary integration and implementation of the Nuremberg Principles can

Die Weiterentwicklung des Völkerstrafrechts und dessen Umsetzung verlief keineswegs gradlinig, sondern wurde und ist von der Kooperation von Staaten und von Kompromissen, aber auch von Kontroversen geprägt. Die zeitgeschichtliche Einordnung und Implementierung der Nürnberger Prinzipien kann als kontinuierliche Herausforderung gesehen werden. Die Liste von Kernverbrechen im Völkerstrafrechtskanon lautet heute: Völkermord, Verbrechen gegen die Menschlichkeit, Kriegsverbrechen und Aggressionsverbrechen.

Der Ruf nach strafrechtlicher Ahndung von Völkerrechtsverbrechen und das Gebot der Vernunft ist heute lauter denn je. Internationale Strafjustiz steht jedoch weiterhin im Spannungsfeld von Politik und Recht. Ein Ende der Straflosigkeit für alle Verbrechen weltweit ist nicht unmittelbar in Sicht. Die große Relevanz der Nürnberger Prozesse für das moderne Völkerstrafrecht zeigt sich in der anhaltenden Fortwirkung der juristischen Aufarbeitung von geschehenem Unrecht und der Geltungskraft einer regelbasierten internationalen Ordnung bis heute.

be viewed as an ongoing challenge. The core crimes in the canon of international criminal law today are genocide, crimes against humanity, war crimes, and the crime of aggression.

Today the calls for the prosecution of international crimes and for the primacy of reason are louder than ever. But international criminal justice continues to be shaped by the complex interplay of politics and law. There is no immediate prospect for an end to impunity for all international crimes committed. The outstanding significance of the Nuremberg Trials for modern international criminal law is evident in the lasting relevance of legal proceedings addressing wrongs committed, and in the effective force of a rules-based international order to the present day.

„RECHT STATT KRIEG"

Benjamin Ferencz

Guten Tag. Mein Name ist Benjamin Ferencz. Ich freue mich, heute bei Ihnen zu sein, und danke den Mitarbeiterinnen und Mitarbeitern des Memoriums Nürnberger Prozesse für die Gelegenheit, zum 75. Jahrestag der Prozesse vor dem Internationalen Militärgerichtshof in Nürnberg einige rückblickende Worte an Sie zu richten.

Ich bin jetzt 100 Jahre alt. Ich war 27 Jahre alt, als ich zum Chefankläger im Einsatzgruppen-Prozess ernannt wurde. Wir verurteilten damals 22 Angeklagte wegen kaltblütigen Mordes an über einer Million Menschen, zumeist Juden. Alle Angeklagten plädierten auf Freispruch und zeigten keinerlei Anzeichen von Reue. Sie waren der Ansicht, ihr Land in Notwehr zu verteidigen, da Hitler ihnen verkündet hatte, dass die Russen einen Angriff planten. Und auf dieser Grundlage mussten sich diese Angeklagten, die ich nach ihren Kenntnissen, ihrem Bildungs- und Dienstgrad ausgewählt hatte, für ihre Verbrechen verantworten.

Nun blicke ich als Hundertjähriger darauf zurück und während ich hier spreche, gehen die Kriege weiter. Überall auf der Welt werden Menschen getötet. Wir planen massive Angriffe. Wir geben täglich Milliarden von Dollar für die Herstellung von Waffen aus, um noch mehr Menschen zu töten. Und wir schicken junge Menschen in die Welt, um andere junge Menschen zu töten, die sie nicht einmal kennen, die womöglich noch nie jemandem etwas zuleide getan haben. So versuchen wir, unsere wie auch immer gearteten eigenen Interessen zu wahren. Das

"LAW, NOT WAR"

Benjamin Ferencz

Greetings. My name is Benjamin Ferencz. I am pleased to be invited, and I want to thank the leaders of the Memorium Nuremberg Trials for the opportunity, on the 75th anniversary of the International Military Tribunal case in Nuremberg, to give you some comments on how it looks in retrospect.

I am now 100 years old. I was 27 years old when I was the chief prosecutor in the Einsatzgruppen Trial. We convicted 22 defendants of murdering in cold blood over a million persons, mostly Jews. The defendants all pleaded not guilty and showed no sign of remorse. They felt that they were acting in defense for their country since Hitler had announced to them that the Russians planned to attack. And it was on that basis that these defendants, who were selected by me on the basis of their intelligence, their education, and their rank, had to answer for their crimes.

Now I look back on it – I'm 100 years old – and wars are still going on as I speak. People are being killed in different parts of the world. We are planning massive attacks. We are spending billions of dollars every day on making weapons to kill more people. And we are sending young people out to kill other young people they don't even know, who may never have harmed anyone, and that's our technique to try to preserve our own interests, whatever they may be. This is a form of madness. They may say I'm crazy, but I think they're crazy.

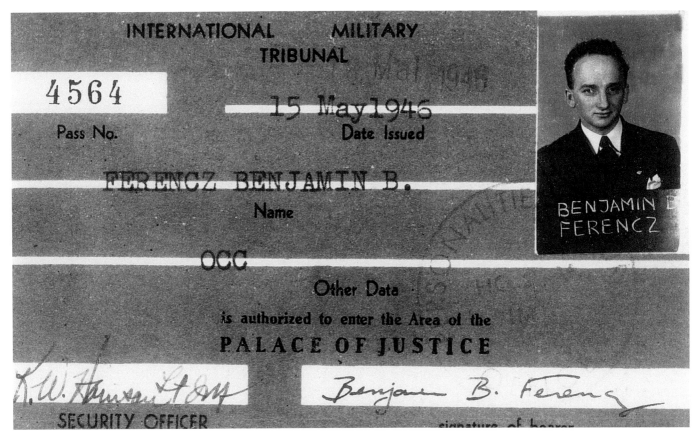

INTERNATIONAL MILITARY TRIBUNAL

4564
Pass No.

15 May 1946
Date Issued

FERENCZ BENJAMIN B.
Name

OCC

Other Data

is authorized to enter the Area of the

PALACE OF JUSTICE

SECURITY OFFICER

signature of bearer

BENJAMIN B. FERENCZ

Ausweis von Benjamin Ferencz für das Internationale Militärtribunal, Nürnberg, 15. Mai 1946, Museen der Stadt Nürnberg, Memorium Nürnberger Prozesse, Reproduktion aus Album Ben Ferencz
Benjamin Ferencz's ID card for the International Military Tribunal, Nuremberg, May 15, 1946, Nuremberg Municipal Museums, Memorium Nuremberg Trials, reproduction from collection of Ben Ferencz

ist eine Form des Wahnsinns. Manche mögen sagen, ich sei verrückt, aber ich denke, es ist genau andersherum.

Das ist also die Welt, in der Sie leben. Ich werde nicht mehr lange leben. Sie müssen sich dieser Realität stellen. Tun Sie, was in Ihrer Macht steht. Mein Prinzip ist „Recht

So that's the world you live in. I will not be here for long. You have to wake up to that reality. Do whatever you can. My slogan is "Law, not war." And I couple that always with, "Never give up. Never give up. Never give up." I can think of nothing else to tell you to do. You have my best wishes. Whether I go up or down in the next life is out

Benjamin Ferencz als Chefankläger im Einsatzgruppenprozess, Nürnberg, 1947, National Archives and Records Administration, College Park, MD

Benjamin Ferencz as chief prosecutor in the "Einsatzgruppenprozess," Nuremberg, 1947, National Archives and Records Administration, College Park, MD

Interview mit Benjamin Ferencz, Florida,
USA, Januar 2020, Filmstill, Museen der Stadt
Nürnberg, Memorium Nürnberger Prozesse
Interview with Benjamin Ferencz, Florida,
USA, January 2020, filmstill, Nuremberg
Municipal Museums, Memorium Nuremberg
Trials

statt Krieg". Und ich verbinde das immer mit: „Niemals aufgeben. Niemals aufgeben. Niemals aufgeben." Mehr kann ich Ihnen nicht sagen. Sie haben meine besten Wünsche. Ob ich im nächsten Leben hinauf oder hinabsteige, liegt nicht in meiner Hand. Ich weiß es nicht. Doch ich weiß, dass sich in dieser Welt Vieles ändern muss. Zuerst muss sich etwas im Herzen und dann im Geiste ändern, um den Krieg als Mittel zur Beilegung von Streitigkeiten zu ächten. Ich wünsche Ihnen alles Gute und viel Glück.

of my hands. I don't know. But I know that this world needs a lot of changes, and the change of heart will have to precede the change of mind to outlaw war and any instrumentality to settle any disputes. I wish you all the best of luck.

„WIR RECHNEN MIT DEN ANGEKLAGTEN VOLL UND GANZ UND GERECHT AB" DIE SOWJETUNION UND DER NÜRNBERGER PROZESS

Julia Kantor

Die Geschichte des Zweiten Weltkriegs ist eine endlose Liste von Kriegsverbrechen des faschistischen Deutschlands und seiner Verbündeten. Millionen friedlicher Zivilisten kamen bei Bombenangriffen, in Konzentrationslagern und Ghettos um, Hunderttausende Kriegsgefangene wurden hingerichtet oder erlitten infolge von Hunger und unerträglicher Zwangsarbeit den Tod. Abertausende Kulturdenkmäler und architektonische Meisterwerke wurden zerstört oder geplündert. Für diese Taten mussten sich die Hauptkriegsverbrecher vor 75 Jahren vor dem Nürnberger Tribunal verantworten.

Ohne im Einzelnen auf den Prozessverlauf selbst und die Rolle der Vertreter Großbritanniens, Frankreichs und der USA einzugehen, denn diesem Thema sind andere Artikel dieser Festschrift gewidmet, sollen an dieser Stelle die Rolle der UdSSR bei der Organisation des Internationalen Militärtribunals, der Anstoß zu dessen Durchführung sowie die sowjetischen Wegbereiter dieser Initiative näher beleuchtet werden.

Am 8. Februar 1946 verkündete der sowjetische Chefankläger des Internationalen Militärtribunals R. A. Rudenko, Staatsanwalt der ukrainischen SSR und späterer Generalstaatsanwalt der UdSSR, in seiner Eröffnungsrede: „Zum ersten Male in der Geschichte der Menschheit stößt die

"WE BRING AGAINST THE DEFENDANTS A FULL AND FAIR CHARGE" THE SOVIET UNION AND THE NUREMBERG TRIALS

Julia Kantor

The history of the Second World War is an endless record of war crimes committed by Nazi Germany and its allies. Millions of civilians died in air raids, in concentration camps and in ghettos; hundreds of thousands of prisoners of war were executed or starved and worked to death; tens of thousands of cultural monuments and architectural masterpieces were looted and destroyed. For this, Major War Criminals were tried by the Nuremberg Tribunal 75 years ago.

Without going into the details of the trial itself and the role of the representatives of Great Britain, France and the United States (which is the focus of the other articles in this collection), we will touch upon the aspects that reveal the role of the USSR in initiating and organizing the International Military Tribunal, as well as the Soviet forerunners of this initiative.

On February 8, 1946, General R. A. Rudenko, Chief Prosecutor of the International Military Tribunal for the USSR, Prosecutor of the Ukrainian SSR (later, Prosecutor General of the USSR) stated, "For the first time in the history of mankind, justice is confronted with crimes committed on so vast a scale scale ... For the first time, criminals who seized an entire state and made this state an instrument of their monstrous crimes appear before a court of justice.

Der sowjetische Chefankläger General Roman A. Rudenko am Rednerpult während des „Hauptkriegsverbrecherprozesses", Nürnberg, 1945/46, National Archives, College Park, MD, USA
The Soviet chief prosecutor General Roman A. Rudenko at the lectern during the Major War Criminals Trial, Nuremberg, 1945/46, National Archives, College Park, MD, USA

Rechtspflege auf Verbrechen von derartigen Ausmaßen […] Zum ersten Male stehen Verbrecher vor dem Richter, die sich eines ganzen Staates bemächtigt und diesen Staat selbst zum Werkzeug ihrer ungeheuerlichen Verbrechen gemacht hatten. Zum ersten Male endlich richten wir in den Angeklagten nicht nur sie selbst, sondern auch die von ihnen ins Leben gerufenen Einrichtungen und Organisationen sowie ihre menschenverachtenden ‚Theorien‘ und ‚Ideen‘ […]. In heiligem Gedenken an die Millionen unschuldiger Opfer des faschistischen Terrors, im Namen der Festigung des Weltfriedens, im Namen der Sicherheit der Völker und der Zukunft, rechnen wir mit den Angeklagten voll und ganz und gerecht ab.‘‘[1]

Die gemeinsame Fassung des Abkommens über die Strafverfolgung und Bestrafung der Kriegsverbrecher wurde am 8. August 1945 von den offiziellen Vertretern der UdSSR, USA, Frankreichs und Großbritanniens unterzeichnet. Bestandteil dieses Abkommens war das Statut des Internationalen Militärtribunals (IMT). Ohne die bedeutende Rolle westlicher Juristen schmälern zu wollen, sollte jedoch der Beitrag sowjetischer Strafrechtswissenschaftler zur Ausarbeitung dieses Dokuments gewürdigt werden. So hatten die Arbeiten des namhaften Kriminologen Prof. A. N. Trainin, der die UdSSR auf der Londoner Viermächtekonferenz vertrat, auf der das Statut des IMT ausgearbeitet wurde, wesentlichen Einfluss auf dessen Inhalt, wie auch sein 1944 erschienenes Buch *Die strafrechtliche Verantwortung der Hitleristen*. Dieses Werk wurde von den amerikanischen Begründern des IMT äußerst geschätzt.[2] Dem Statut schlossen sich 19 Staaten an, somit wurde das Internationale Militärtribunal nach dem Willen von 23 Ländern errichtet. Sowohl das Tribunal selbst als auch der Anklagestab wurden aus Vertretern der UdSSR, USA, Frankreichs und Großbritanniens gebildet. Doch zunächst stand den Verbündeten ein langer Weg mit hef-

For the first time, by judging these defendants, we finally sit in judgment not only on the defendants themselves, but also on the criminal institutions and organizations which they created and on their inhuman theories and ideas ... In the name of the sacred memory of millions of innocent victims of fascist terror, in the name of strengthening world peace, in the name of security for peoples in the future, we bring against the defendants a full and fair charge.‘‘[1]

The general version of the Agreement for the Prosecution and Punishment of the Major War Criminals was signed on August 8, 1945, by the official representatives of the USSR, the USA, France and Great Britain. The Charter of the International Military Tribunal (IMT) was an integral part of the agreement. Without denying the important role played by Western lawyers, it is essential to point out the contribution of Soviet forensic scientists to the development of the document. Thus, the content of the Charter was influenced by the work of Prof. A.N. Trainin, an outstanding criminologist (who represented the USSR at the four-power conference in London where the document was prepared), and above all by his book *On Criminal Liability of Nazis* published in 1944. The book was highly appreciated by the American developers of the IMT.[2] Nineteen states endorsed the document; thus, the International Military Tribunal was created by the will of 23 countries. Both the Tribunal itself and the Prosecutors Committee were formed of representatives of the USSR, the USA, France and England. This was a result of a long journey: the partners had to resolve difficult conflicts associated with the difference in political opinions and worldviews, the attitudes of the heads of state, and finally, the difference in the legal systems themselves.

Die Richterbank mit je zwei Richtern der Sowjetunion, Großbritanniens, der USA und Frankreichs (v. l. n. r.), Nürnberg, 1945/46, Stadtarchiv Nürnberg A65/III Nr. RA-196-D
The bench with two judges each from the Soviet Union, Great Britain, USA and France (from left to right), Nuremberg, 1945/46, Nuremberg City Archives, A65/III Nr. RA-196-D

Der sowjetische Fotograf Ewgenij Chaldej in einer Verhandlungspause im Schwurgerichtssaal 600. Der Angeklagte Hermann Göring versucht sein Gesicht zu verbergen, Nürnberg 1. März 1946, Ewgenij Chaldej/picture alliance/ZB

Soviet photographer Yevgeny Khaldei during a hearing break in Courtroom 600. The defendant Hermann Göring tries to hide his face, Nuremberg, March 1, 1946, Yevgeny Khaldei/picture alliance/ZB

tigen Kollisionen bevor, bedingt durch die unterschiedlichen politischen Standpunkte und Weltanschauungen,
Zielstellungen der Staatsoberhäupter und nicht zuletzt
durch die grundsätzlichen Unterschiede in den Rechts-
systemen.

Die Idee der Errichtung eines Internationalen Militärtribunals wurde erstmals von der UdSSR am 14. Oktober 1942
formuliert. In einer Note der sowjetischen Führung hieß
es: „Die sowjetische Regierung erachtet es für erforderlich,
dass gegen alle Anführer des faschistischen Deutschlands
ein Verfahren vor einem internationalen Sondertribunal
eingeleitet wird und diese mit aller Härte des Strafgesetzes
bestraft werden".[3] Die UdSSR verabschiedete als erster
Staat ein juristisches Dokument zur Aburteilung von NS-
Verbrechern und deren Gehilfen, den am 19. April 1943
veröffentlichten Erlass „Strafmaße für deutsche faschis-
tische Übeltäter, die des Mordes und Misshandlungen an
der sowjetischen Zivilbevölkerung und in Kriegsgefan-
genschaft geratener Rotarmisten schuldig sind, sowie für
Spione und Landesverräter unter der sowjetischen Zivilbevölkerung und deren Gehilfen."[4]

Generell diente als Grundlage der Zusammenarbeit der
von sowjetischer Seite am 25. Oktober 1943 formulierte
Leitsatz, dass die Hauptkriegsverbrecher durch eine „gemeinsame Entscheidung" bestraft werden sollen.[5] Dies
war ein wichtiger Ansatz für den Schulterschluss in der
Zusammenarbeit, deren Kern in der Kunstfertigkeit bestand, um der Erreichung des Hauptzieles willen Kom-
promisse zu finden. Sowohl bei der Vorbereitung als auch
der Durchführung des Prozesses gelangte man trotz permanent auftretender „Reibungen" zu einer konstruktiven
Zusammenarbeit der vier Siegermächte, ihrer Richter und
Chefankläger, bei all ihren unterschiedlichen Weltanschauungen und Prägungen als Vertreter völlig konträrer

The idea of establishing an International Military Tribunal
was first put forward by the USSR on October 14, 1942. The
statement of the country's leadership indicated that "[t]he
Soviet government considers it necessary to immediately
bring to justice by a special international tribunal and pun-
ish any of the leaders of Nazi Germany to the fullest extent
of the criminal law."[3] The USSR became the first country to
adopt a legal document condemning the Nazis and their
accomplices: the decree "On measures of punishment for
German fascist villains guilty of murder and torture of the
Soviet civilian population and Red Army prisoners, for spies
and traitors from among Soviet citizens and for their accomplices"[4] was published on April 19, 1943.

It is fundamentally important that the interaction was
based on the principle formulated by the Soviet side on
October 25, 1943, that the main war criminals would be
punished by a "joint action."[5] It was an important step-
ping stone to solid cooperation, based on the ability to
find compromises for the sake of achieving the main goal.
In the course of the direct preparation and during the
trials themselves, it was possible, despite the perma-
nently arising "friction," to establish fruitful cooperation
between the representatives of the four powers – judges
and prosecutors, who were different in their outlook and
education and represented diametrically opposite systems. Let it be noted that the West had heard a lot about
the brutal methods of the "Stalinist justice" adopted in
the USSR. However, the Soviet representatives managed
to neutralize the skepticism of their Western counterparts
regarding their ability to develop international legal
norms. Without a doubt, it was an internatinoal success
that improved the image of the USSR.

It is significant that the USSR had initially argued for the
idea of legal prosection rather than a political or admin-

Systeme. Gleichwohl war der Westen über die brutale Spezifik der in der UdSSR vorherrschenden „stalinistischen Justiz" einigermaßen im Bilde. Dennoch gelang es den sowjetischen Vertretern, in der praktischen Zusammenarbeit die Skepsis westlicher Kollegen hinsichtlich ihrer Fähigkeit, völkerrechtliche Grundsätze auszuarbeiten, zu zerstreuen. Dies war zweifelsohne auch für das Image der sowjetischen Seite ein internationaler Erfolg.

Bemerkenswerterweise vertrat ausgerechnet die UdSSR von Anfang an die Idee eines Gerichtsprozesses und lehnte einen politischen oder administrativen Rechtsakt ab, wie ihn die westlichen Staaten vorschlugen, deren Staatsoberhäupter sich dafür aussprachen, dass „das Gerichtsverfahren nicht übermäßig juristisch aufgezogen werden sollte".[6] In den Verhandlungen setzte sich indes die UdSSR mit ihrer Position durch. Ebenso bestanden, entgegen dem herrschenden Klischee, zu Beginn der Prozessvorbereitung die Westalliierten und nicht die UdSSR darauf, dass „zum Prozess keine Korrespondenten und Fotografen zugelassen werden."[7] Der Sowjetunion gelang es jedoch, überzeugend darzulegen, dass die Berichterstattung in den Medien und filmische Dokumentierung des IMT für die Realisierung der humanistischen Mission des Prozesses unabdingbar ist. Auf Seiten der UdSSR berichteten zwischen 35 und 60 Journalisten über den Prozessverlauf.[8]

Am 5. September 1945 verabschiedeten die sowjetische Regierung und das Politbüro des Zentralkomitees der Kommunistischen Allunionspartei der Bolschewiki den Beschluss über die Vorbereitung des Nürnberger Prozesses. Von sowjetischer Seite wurden zum Mitglied des IMT I. T. Nikitschenko (ihm wurde die Ehre zuteil, die erste Sitzung des IMT zu eröffnen) und zum Chefankläger der Staatsanwalt der ukrainischen Sowjetrepublik R. A. Rudenko be-

istrative act, as had been proposed by the Western countries whose leaders advocated that "the court procedure not be too juridical."[6] As a result of the negotiations, the position of the USSR prevailed. What is more, contrary to the existing stereotype, it was the Western allies and not the USSR who insisted in the early stages that "correspondents and photographers should not be allowed to the trial."[7] However, the Soviet Union managed to assert that the media coverage and visual documentation of the IMT were critical for fulfilling the humanitarian mission of the trials. The trials were covered by 35 to 60 journalists from the USSR.)[8]

On September 5, 1945, the Soviet government and the Politburo of the Central Committee of the VKP(b) (All-Union Communist Party of Bolsheviks) made a decision to start preparation of the Nuremberg trials. I.T. Nikitchenko was appointed member of the IMT from the USSR (he was given the honor to open the first session); R.A. Rudenko,[9] Prosecutor of the Ukrainian SSR, was appointed Chief Prosecutor. As early as November 2, 1942, in the very intense period of the war, a decree was issued, headlined "On the Formation of Extraordinary State Commission for Ascertaining and Investigating Crimes Perpetrated by the German-Fascist Invaders and Their Accomplices and Material Damage Caused by Them to Citizens, Collective Farms, Public Organizations, State Enterprises and Institutions of the USSR."[10]

It was the first commission that emerged among the countries of the anti-Hitler coalition; the commission uncovered and recorded scrupulously, consistently and in detail the criminal acts committed by the Nazis and their accomplices. Incidentally, the United States and Great Britain had announced their intention to create a United Nations Commission to investigate the atrocities of the

Die Richterbank während der Urteilsbegründung v. l. n. r.: Alexander F. Wolchkow, Iona T. Nikitschenko (UdSSR), Norman Birkett, Geoffrey Lawrence (GB) und Francis A. Biddle (USA), Nürnberg, 1. Oktober 1946, picture alliance/akg-images

The bench during the judgment (from left to right): Alexander F. Volkhkov, Iona T. Nikitchenko (USSR), Norman Birkett, Geoffrey Lawrence (GB) and Francis A. Biddle (USA), Nuremberg, October 1, 1946, picture alliance/akg-images

rufen.[9] Bereits am 2. November 1942, inmitten der angespanntesten Kriegsphase, erging der Erlass „Über die Bildung einer Außerordentlichen staatlichen Kommission zur Feststellung und Untersuchung von Gräueltaten der deutschen faschistischen Aggressoren und ihrer Gehilfen, und des Schadens, den sie Bürgern, Kolchosen, öffentlichen Organisationen, staatlichen Betrieben und Einrichtungen der UdSSR zugefügt haben".[10] Diese als Erste innerhalb der Staaten der Anti-Hitler-Koalition entstandene Einrichtung erforschte und dokumentierte akribisch, detailliert und konsequent Fakten der verbrecherischen Tätigkeit der Nationalsozialisten und von deren Gehilfen. Nebenbei bemerkt, hatten kurz zuvor die USA und Großbritannien ohne Rücksprache mit der UdSSR ihre Absicht erklärt, eine UN-Kommission zur Untersuchung der Gräueltaten der Achsenmächte einrichten zu wollen. Die Außerordentliche Kommission erstellte eine umfassende Sammlung von Tatsachenmaterial, dem als Beweisgrundlage im Prozess fundamentale Bedeutung zukam.

Unter den von sowjetischer Anklageseite vorgelegten Urkunden befand sich ein vom Zentralen forensischen Labor der Roten Armee erstelltes Konvolut von Unterlagen. Das Labor war am 26. März 1943 eingerichtet worden. Dem Tribunal wurden Materialien übergeben, die man in den von der Sowjetarmee befreiten deutschen Vernichtungslagern in Polen, u. a. in Auschwitz-Birkenau und Majdanek, in Konzentrationslagern in Deutschland und Österreich, in nationalsozialistischen „anatomischen Instituten" in Danzig (Gdańsk) u. a. sowie in Kriegsgefangenenlagern auf dem Territorium der UdSSR sichergestellt hatte. Zahlreiche dieser Materialien sind nach Prozessende an das Militärmedizinische Museum in Sankt Petersburg überführt und teilweise in Ausstellungen über den Zweiten Weltkrieg präsentiert worden. Heute sind sie Kernstück der Gedenkstätte der Opfer des Nationalsozialismus,

Axis Powers shortly before without consulting the USSR.). The commission collected a huge amount of factual material that became a fundamentally important evidence base for the trial.

An integral part of the evidence for the prosecution presented by the Soviet side was the materials collected by the Central Forensic Medical Laboratory of the Red Army, established on March 26, 1943. The materials gathered during the liberation by Soviet troops of German death camps in Poland, such as Auschwitz-Birkenau, Majdanek and others, concentration camps in Germany and Austria, Nazi "anatomical institutes" in Danzig (Gdańsk) and others, as well as prisoner of war camps in the territory of the USSR were handed over to the Tribunal. After the end of the trials, many of these materials were transferred to the Military Medical Museum (located in St. Petersburg) and were partially on display at exhibitions dedicated to the Second World War. Now they have formed the core of the collection in the Museum of Memory of Nazi Victims that opened in the spring of 2020 as part of the Military Medical Museum.

By February 1946, the Soviet side had prepared more than 500 pieces of evidence for submission to the IMT. Among them were genuine German documents, military court sentences, more than 60 reports of the Extraordinary State Commission and government commissions of Eastern Europe's countries.[11] At the trial, the prosecutors from the USSR presented documentaries about Nazi crimes, a significant part of which were based on filming made first-hand by front-line operators during the liberation of concentration camps, cities and villages, on the battlefield, etc.

The depoliticized course of the process was almost disrupted by the "Sinews of Peace," W. Churchill's address

die im Frühjahr 2020 als Abteilung des Militärmedizinischen Museums eröffnet wurde.

Bis Februar 1946 waren von sowjetischer Seite mehr als 500 Beweismittel zur Vorlage beim IMT aufbereitet worden, darunter deutsche Originaldokumente, Militärgerichtsurteile, mehr als 60 Berichte der Außerordentlichen staatlichen Kommission und der Regierungskommissionen der osteuropäischen Länder.[11] Im Prozess legten die sowjetischen Ankläger Dokumentarfilme über NS-Verbrechen vor, die überwiegend auf Filmmaterial der Fronteinheiten basierten, das u. a. unmittelbar bei der Befreiung von Konzentrationslagern, Städten und Dörfern oder auf dem Gefechtsfeld aufgenommen worden war. Den entpolitisierten Prozessverlauf hat W. Churchills Fultonrede am 5. März 1946 beinahe gesprengt; sie markierte den Beginn des „Kalten Krieges". Die Prozessvorbereitungen standen kurz vor dem Aus. Die Prozessbeteiligten riskierten, plötzlich in verschiedenen politischen Lagern zu stehen, was den Verteidigern der Angeklagten erheblichen Auftrieb gab. Das IMT blieb seinem rechtlichen Credo jedoch treu und ignorierte den politischen Wandel.

Sowohl die Ankläger auf Seiten der Westalliierten als auch die sowjetischen Juristen waren sich einig, im Prozess keine aus Sicht der prozessführenden Länder unliebsamen Themen zuzulassen. Entgegen dem althergebrachten Klischee ging die Initiative zur Erstellung einer Liste „unliebsamer Themen" keineswegs von der UdSSR, sondern von den USA aus.[12] Am 11. März betonte R. A. Rudenko in seiner Antwort auf die Anfrage der amerikanischen Kollegen, dass entsprechend Artikel 18 des Statuts des IMT solidarisch Maßnahmen zu treffen seien, um „jegliche Versuche zu unterbinden, diesen Gerichtsprozess zur Behandlung von Themen zu instrumentalisieren, die keinen Verfahrensbezug haben".[13] Die Liste wurde von allen Sei-

in Fulton on March 5, 1946, which marked the beginning of the Cold War. Preparations for the trial could have been brought to the verge of collapse – the participants risked finding themselves on the opposite sides of political barricades, which greatly inspired the defense lawyers of the accused. However, the IMT remained true to its legal credo and ignored the political shift.

Both the prosecutors from the Western allies and the Soviet lawyers agreed to prevent the discussion at the trial of issues that were not desirable for the organizing countries. Contrary to the well-established stereotype, the initiative for drafting the list of "undesirable questions" did not belong to the USSR, but to the USA.[12] On March 11, responding to a request from his American colleagues, R. A. Rudenko stressed that, according to Article 18 of the IMT Charter, measures should be taken in solidarity "to decisively eliminate any attempts to use this trial to consider issues not directly related to the case."[13] The list was easily agreed upon by all parties. None of the delegations took advantage of the uncomfortable moments that arose during the Tribunal (including the Munich Agreement of 1938, the Anschluss of Austria, Soviet-German relations in 1939, etc.). Note that the presence of this "default list" is an object of controversial interpretations in the assessments of IMT activities.

The verdict was finalized with the most active participation of the Soviet side after June 1946 when the draft of the sentence was presented by N. Birektt, deputy member of the IMT from Great Britain. I.T. Nikitchenko approved of the structure and the form of the verdict, and made a number of important amendments. In particular, he suggested expanding the section on the Nazis racist theories, on the aggressive ideas of *Mein Kampf*, and on the plans to capture Europe, especially its eastern part.[14] Most of

Dina Pronicheva, eine jüdische Überlebende des Massakers von Babi Yar, berichtet über das Verbrechen während eines Kriegs-verbrecherprozesses in Kiew. Kiew, UdSSR (Ukraine), 24. Januar 1946, United States Holocaust Memorial Museum, mit freundlicher Genehmigung der Babi Yar Society

Dina Pronicheva, a Jewish survivor of the Babi Yar massacre, testifies about the crime during a war crimes trial in Kiev. Kiev, (Ukraine) USSR, January 24, 1946, United States Holocaust Memorial Museum, courtesy of Babi Yar Society

ten zügig abgestimmt. Keine der Delegationen machte sich die im Laufe des Tribunals auftretenden heiklen Momente zunutze, darunter das Münchener Abkommen von 1938, den Anschluss Österreichs, die deutsch-sowjetischen Beziehungen 1939 u. a. Allerdings ist die Existenz dieser „Schweigeliste" in Analysen der Tätigkeit des IMT durchaus Gegenstand kontroverser Auslegungen.

Das Urteilskonzept, dessen Entwurf N. Birkett, stellvertretendes Mitglied des IMT für Großbritannien, verfasst hatte, wurde ab Juni 1946 unter aktiver Beteiligung der sowjetischen Seite nachbearbeitet. I. T. Nikitschenko genehmigte den Aufbau und die Form des Urteils, nahm jedoch einige wichtige Änderungen vor, u. a. forderte er, den Abschnitt über die rassistischen NS-Theorien, die aggressiven Leitgedanken aus *Mein Kampf*, die Eroberungspläne Europas, insbesondere des europäischen Ostens, ausführlicher abzufassen.[14] Die Änderungen flossen größtenteils in die Endfassung dieses Schlüsseldokuments des IMT ein.

Obwohl das am 30. September/1. Oktober 1946 verkündete Urteil den Kreml nicht völlig zufriedenstellte – I. T. Nikitschenko legte schriftlich ein Sondervotum ein, in dem er gegen die Ablehnung des IMT protestierte, die Regierung des Dritten Reichs, den Generalstab und das Oberkommando der Wehrmacht zu verbrecherischen Organisationen zu erklären –[15], fand es im Gesamtergebnis bei der sowjetischen Führung dennoch große Zustimmung. Dies belegen zahlreiche positive Artikel in der sowjetischen Presse, Veröffentlichungen der Prozessmaterialien sowie Dokumentarfilme über den Prozess.

Das Nürnberger Tribunal wurde zum Jahrhundertprozess, womöglich sogar zum bedeutendsten Prozess in der Geschichte der Menschheit, weil er nach Verkündung und

the amendments were taken into account in the final version of this key document of the IMT.

Although the verdict announced on September 30 – October 1, 1946, did not fully satisfy the Kremlin (I.T. Nikitchenko wrote a dissenting opinion in which he protested against the refusal of the International Military Tribunal to recognize the government of the Third Reich, the General Staff and the High Command of the Wehrmacht as criminal organizations),[15] its overall results were highly appreciated by the leadership of the USSR. This is evidenced by numerous positive articles in the Soviet press, publications of the trial materials and documentaries dedicated to the IMT.

The Nuremberg Tribunal became the main trial of the century – and possibly of all human history – because after the announcement of the verdict and its execution, it essentially did not end. It was followed by twelve "small Nuremberg trials" as well as hundreds of trials in Germany. Naturally, the trials of Nazi criminals also took place in the Soviet Union as the country was most affected by Nazism, and made the greatest contribution to the victory over it. These trials began after the start of the Nuremberg trial. The tribunals were not international, but undoubtedly were in the mainstream of the key IMT principles, namely, the primacy of the law over political constraints, the inevitability of retaliation, the non-applicability of statutory limitations to crimes against humanity, etc. In total, 21 tribunals were held in the territory of the USSR; they revealed in detail the essence of the criminal acts of the Nazis and their accomplices. The largest trials took place in Riga, Kiev, Minsk and Leningrad; a large number of documents appeared in the public domain in the post-Soviet period, for which a special website was created.[16] There is a revival of interest in the trials

Löffel eines Gefangenen des Konzentrationslagers Majdanek, gezeigt in einer Ausstellung des Zentralmuseums des Großen Vaterländischen Krieges, Moskau, 2020, picture alliance/dpa/TASS | Mikhail Tereshchenko
Spoon belonging to a prisoner from the Majdanek concentration camp, shown in an exhibition of the Central Museum of the Great Patriotic War, Moscow, 2020, picture alliance / dpa / TASS | Mikhail Tereshchenko

Vollstreckung des Urteils im Grunde genommen noch nicht zu Ende war. Im Anschluss folgten zwölf „kleine Nürnberger Prozesse" und danach noch mehrere Hundert Prozesse in Deutschland. Natürlich fanden NS-Verbrecherprozesse auch in der Sowjetunion statt, dem Land, das die schwersten Opfer erlitten und den größten Beitrag zum Sieg über den Faschismus geleistet hatte. Diese Prozesse begannen im Anschluss an den Auftakt des Nürnberger Prozesses. Es waren keine internationalen Tribunale, aber sie bewegten sich zweifellos im Fahrwasser der Grundprinzipien des IMT – dem Vorrang des Rechts vor politischem Wandel, dem Vergeltungsprinzip, der Nichtanwendbarkeit der Verjährung bei Verbrechen gegen die Menschlichkeit u. a. Insgesamt fanden in der UdSSR 21 Tribunale statt, in denen die Taten der NS-Verbrecher und ihrer Gehilfen bis in alle Einzelheiten offenbart wurden. Zu den größten zählen der Rigaer, Kiewer, Minsker und Leningrader Kriegsverbrecherprozess. Ein großer Datenbestand ist in der postsowjetischen Zeit der Öffentlichkeit zugänglich gemacht worden, unter anderem wurde hierfür eine spezielle Internetseite eingerichtet.[16] Das Interesse daran erfährt aktuell einen neuen Aufschwung, auch als regionales Geschichtsereignis, und fesselt nicht nur professionelle Einrichtungen, sondern auch Amateure. So rief z. B. die szenische Rekonstruktion des Nowgoroder NS-Kriegsverbrecherprozesses mit dem Titel „Ihr werdet verurteilt", die 2017 in der Philharmonie von Weliki Nowgorod aufgeführt wurde, dem Gebäude, in dem auch 1947 die Gerichtsverhandlung stattfand, einen großen Widerhall hervor.[17]

Am 11. Dezember 1946 wurden die Prinzipien des Statuts und des Urteils des IMT durch die UN-Generalversammlung bestätigt und damit zu allgemeinen Rechtsgrundsätzen des Völkerrechts. Das Tribunal hat die militärische Vernichtung des NS-Regimes mit der rechtlichen Vergel-

today, it is becoming a fact of regional history, and attracts not only the professional community, but also aficionados. In 2017, for example, a much-acclaimed reenactment of the Novgorod trial entitled "You shall be judged" took place in the philharmonic hall in Veliky Novgorod, the building where the trial was held in 1947.[17]

The principles of the Charter and the IMT Verdict, affirmed on December 11, 1946, by the UN General Assembly, have become universally recognized norms of international law. The Tribunal completed the military destruction of the Fascist Reich with its legal retribution. The Nuremberg norms – legal and moral – have become firmly established in the public consciousness. The IMT acquired a global moral and historical significance as the first and to this day greatest legal act of the United Nations. United in their rejection of aggression and violence, crimes against humanity and abuse, the peoples of the world demonstrated that, in spite of sometimes irreparable internal disagreements, they can maintain the unity required to defeat global evil.

1   D. Astashkin, "Soviet Nuremberg: How war criminals were tried in the USSR," December 1, 2015, https://rg.ru/2015/12/08/rodina-sud.html, accessed October 11, 2020.
2   B. F. Smith, *The American Road to Nuremberg: The Documentary Record, 1944–1945* (Stanford 1982), pp. 34–37.
3   *Foreign Policy of the Soviet Union during the Patriotic War: Documents and Materials*, vol. 1 (Moscow 1944), p. 277.
4   Decree of the Presidium of the USSR Armed Forces dated April 19, 1943.
5   *Correspondence of the Chairman of the Council of Ministers of the USSR with the Presidents of the United States and the Prime Ministers of Great Britain During the Great Patriotic War of 1941–1945*, vol. 1 (Moscow 1957), p. 395.

tung vollendet. Die Nürnberger Prinzipien – rechtliche und moralische – sind dauerhaft im gesellschaftlichen Bewusstsein verankert. Das IMT ist von globaler moralischer und historischer Bedeutung als erster und bis heute größter Rechtsakt der Vereinten Nationen. Geeint in ihrer Ablehnung von Aggression und Gewalt, Verbrechen gegen die Menschlichkeit und Misshandlungen, haben die Völker der Welt demonstriert, dass sie, ungeachtet bisweilen unüberwindlicher Differenzen untereinander, geschlossen auftreten können, um das Übel in der Welt zu besiegen.

1   Astashkin D. Y., Sovetskij Nûrnberg. Wie den sowjetischen Kriegsverbrechern in der UdSSR der Prozess gemacht wurde. URL: https://rg.ru/2015/12/08/rodina-sud.html. Abrufdatum 11.10.2020.

2   Smith B. F., The American Road to Nurnberg: the Documentary Record. 1944–1945. Stanford, 1982, S. 34-37.

3   Außenpolitik der Sowjetunion während des Vaterländischen Krieges: Dokumente und Materialien, Bd. 1, M. 1944, S. 277.

4   Erlass Nr. 39 des Präsidiums des Obersten Sowjet der UdSSR vom 19.4.1943.

5   Schriftwechsel des Vorsitzenden des Ministerrats der UdSSR mit den Präsidenten der USA und den Premierministern Großbritanniens während des großen Vaterländischen Krieges 1941-1945. Bd. 1, M. 1957, S. 395.

6   Die Sowjetunion auf internationalen Konferenzen 1941-1945, Bd. 4, M. 1984, S. 169.

7   Ebenda, S. 170.

8   Lebedeva N. S., SSSR i Nûrnbergskij process. // Sova, 2014, Nr. 4, S. 252.

9   Trofimov A., Nûrnbergskij process. Glavnyj sud XX veka v faktah i cifrah // portal Istoria.RF. URL: https://histrf.ru/biblioteka/b/niurnbierghskii-protsiess-glavnyi-sud-khkh-vieka-v-faktakh-i-tsifrakh-1. Abrufdatum 11.10.2020.

6   The Soviet Union at International Conferences During the Great Patriotic War, 1941–1945, vol. 4 (Moscow 194), p. 169.

7   Ibid., p. 170.

8   N. Lebedeva, "USSR and the Nuremberg Trials" // Sova 2014, No. 4, p. 252.

9   A. Trofimov, "Nuremberg Trials. The main court of the twentieth century in facts and figures," History of RF portal, https://histrf.ru/biblioteka/b/niurnbierghskii-protsiess-glavnyi-sud-khkh-vieka-v-faktakh-i-tsifrakh-1, accessed October 11, 2020.

10 "Collection of materials of the Extraordinary State Commission for the identification and investigation of the atrocities of the German fascist invaders and their accomplices," https://history.wikireading.ru/300881, accessed October 11, 2020.

11 Lebedeva 2014, p. 250.

12 Ibid., p. 248.

13 N. Lebedeva, ed., The USSR and the Nuremberg Trials (Moscow 2012), pp. 411–412.

14 Lebedeva 2014, p. 248.

15 The USSR and the German Question, vol. 2 (Moscow 1999), pp. 703–706.

16 "Soviet Nuremberg," History of RF portal, https://histrf.ru/biblioteka/Soviet-Nuremberg, accessed October 11, 2020.

17 D. Astashkin and S. Kozlov, "May you be judged: reconstruction of the trial of Nazi war criminals in Novgorod," Veliky Novgorod, 2019.

10 Siehe Sammelband der Außerordentlichen Staatlichen Kommission zur Feststellung und Untersuchung von Gräueltaten der deutschen faschistischen Aggressoren und ihrer Gehilfen. URL: https://history.wikireading.ru/300881. Abrufdatum 11.10.2020.

11 Lebedeva N. S., SSSR i Nûrnbergskij process. // Sova. 2014, Nr. 4, S. 250.

12 Ebenda, S. 248.

13 SSSR i Nûrnbergskij process. / Hrsg. N. S. Lebedeva, M. 2012, S. 411–412.

14 Lebedeva N. S., SSSR i Nûrnbergskij process. // Sova. 2014, Nr. 4, S. 248.

15 SSSR i germanskij vopros. Bd. 2, M. 1999, S. 793–706.

16 Siehe Sovetskij Nûrnberg. // portal Istoria. RF. URL: https://histrf.ru/biblioteka/Soviet-Nuremberg. Abrufdatum 11.10.2020.

17 Astashkin D. Y., Kozlov S. A., „Ihr werdet verurteilt: Rekonstruktion des NS-Kriegsverbrecherprozesses in Nowgorod". Weliki Nowgorod, 2019.

NÜRNBERG: PERSÖNLICHE GESCHICHTEN ZÄHLEN

Philippe Sands

Es ist Freitag, der 1. Oktober 1946, kurz nach drei Uhr nachmittags, der letzte Tag eines Strafprozesses, der ein volles Jahr gedauert hat. Hans Frank betritt gleich den Gerichtssaal 600. Dort sitzt bereits Hersch Lauterpacht und wartet auf ihn. Siebenhundert Kilometer weiter westlich, in Paris, erwartet Raphael Lemkin das Urteil.

Im Sommer 1942 ist Lemberg, eine Stadt an der Grenze zwischen Polen und der UdSSR, dazu Hauptstadt des Bezirks Galizien, seit einem Jahr unter deutscher Herrschaft. Hans Frank, der seit 1939 für das besetzte Polen zuständig ist, kommt mit dem Zug zu einer Feier, die das einjährige Jubiläum dieser Herrschaft markieren soll. Er hält auch eine Reihe privater Treffen ab, während derer er Galizien und Lemberg als die „Urquelle" des „jüdischen Problems", das die Deutschen „lösen" werden, bezeichnet. Nur zehn Minuten entfernt befinden sich 100 000 Juden in einem Ghetto – eine direkte Folge von Franks Verordnungen zur *Umsiedlung der Juden*: Einen Schritt außerhalb des Ghettos zu wagen, ist unter Todesstrafe verboten.

Was geschieht, nachdem Frank Lemberg verlässt? Eine ganze Menge. Innerhalb von Tagen beginnt *die Große Aktion*, die „Räumung" des Ghettos.

Eine der Familien im Ghetto von Lemberg und im nahen Żółkiew ist die von Hersch Lauterpacht. Während des Ersten Weltkriegs schrieb sich Lauterpacht an der Universität

NUREMBERG: PERSONAL STORIES MATTER

Philippe Sands

It is Friday, October 1, 1946, a little after three o'clock in the afternoon, the last day of a trial that has lasted a full year. Hans Frank is about to enter Courtroom 600. Sitting there, waiting for him, is Hersch Lauterpacht. Seven hundred kilometers to the west, in Paris, Raphael Lemkin awaits news of the judgment.

By the summer of 1942, Lemberg, the capital of District Galicia, a city on the border of Poland and the USSR, has been under German control for a year. Frank, who has overseen occupied Poland since 1939, arrives by train to attend a ceremony marking this first anniversary. He also holds a series of private meetings, describing Galicia and Lemberg as the "primeval source" of the Jewish problem that the Germans will "solve". Just ten minutes away, 100,000 Jews are in a ghetto – a direct consequence of Frank's decrees on the *Umsiedlung der Juden* ("Resettlement of the Jews"). To set foot outside the ghetto is punishable by death.

What happens after Frank leaves Lemberg? A great deal. Within days, the *Grosse Aktion* – the Great Action to empty the ghetto – begins.

One of the families in the Lemberg ghetto, and in nearby Żółkiew, is that of Hersch Lauterpacht. During the First World War, Lauterpacht enrolled as a law student at the University of Lemberg. Later he went to Vienna, where he meets Rachel. The two marry in 1923 and move to London.

Blick in den Gerichtssaal mit dem amerikanischen Chefankläger Robert H. Jackson (am Rednerpult links), den Verteidigern (mittig), und den Angeklagten (dahinter), Nürnberg, 1945/46, Museen der Stadt Nürnberg, Foto: Charles W. Alexander
View of the courtroom with the American chief prosecutor Robert H. Jackson (at the lectern on the left), the defense lawyers (center), and the defendants (behind), Nuremberg, 1945/46, Nuremberg Municipal Museums, Photo: Charles W. Alexander

Hersch Lauterpacht mit seiner Frau Rachel und seinem Sohn Eli, um 1932, Fotografie von Gabriel Cox, Tochter von Eli, USA
Hersch Lauterpacht with his wife Rachel and son Eli, ca. 1932, Image provided by Eli's daughter, Gabriel Cox, USA

Lemberg für Jura ein. Später ging er nach Wien, wo er Rachel kennenlernte. Die beiden heiraten 1923 und ziehen nach London. 1937 wechseln sie nach Cambridge, wo Lauterpacht auf einen Lehrstuhl an der Universität berufen wird. Sie bekommen einen Sohn, Eli. 1939 beginnt der Zweite Weltkrieg. Als Hans Frank 1942 seinen Besuch in Lemberg macht und seine bekannte Rede hält, ist Lauterpacht in großer Sorge um seine Familie. Er hat seit 18 Monaten nichts mehr von ihr gehört.

Lauterpachts Nichte, Inka, hat mir von den Geschehnissen im August 1942 erzählt. Der erste, den die Deutschen damals abtransportierten, war ihr Großvater Aron, Lauterpachts Vater. Zwei Tage später folgte Herschs Schwester, Inkas Mutter. „Ich verstand, was da geschah. Ich habe alles durch das Fenster beobachtet [...] Ich war zwölf. 1939 hörte ich auf, Kind zu sein."

In 1937 they move to Cambridge, where Lauterpacht is appointed to a chair at the University. They have a son, Eli. The Second World War begins in September 1939. By the time Hans Frank visits Lemberg in 1942 and gives his big speech, Lauterpacht is deeply worried about his family. He hasn't heard from them for 18 months.

Lauterpacht's niece, Inka, told me about August 1942. The first to be taken by the Germans was her grandfather Aron, Lauterpacht's father. Two days later, Hersch's sister, Inka's mother, was taken. "I understood what had happened, I saw everything looking out of the window ... I was 12. I stopped being a child in 1939."

Back in Cambridge, Lauterpacht knows nothing of this. On the day his father is taken, he starts a job as an adviser on war-related matters for the British and American governments, working with Robert Jackson, President Roosevelt's Attorney General. Lauterpacht is thinking intensely about the role of the law in the protection of individuals, and in the summer of 1945 he publishes a book, *An International Bill of the Rights of Man*. It sets out his ideas on the protection of the individual from the actions of states, which, he believes, should no longer be able hide behind the principle of sovereignty. The book includes draft articles, an early version of an international Bill of Rights. It is a revolutionary idea, the first document of its kind.

With the end of the war, the Allies announce there will be a war crimes trial in Nuremberg. The British hire Lauterpacht to join the prosecution team. Following suggestions by Lauterpacht, atrocities committed by states against civilians on a large scale are included in the Nuremberg Charter as "Crimes against Humanity," introducing a new concept into international law.

Drüben in Cambridge weiß Lauterpacht von all dem nichts. An dem Tag, an dem sein Vater deportiert wird, beginnt er seine Arbeit als Berater für Kriegsangelegenheiten für die britische und amerikanische Regierung. Er arbeitet mit Robert Jackson, „Attorney General" unter Präsident Roosevelt, zusammen. Lauterpacht beschäftigt sich intensiv mit der Rolle des Rechts beim Schutz von Einzelpersonen und veröffentlicht im Sommer 1945 ein Buch, *An International Bill of the Rights of Man*, in etwa: *Eine Internationale Erklärung der Menschenrechte*. Es legt seine Ideen zum Schutz des Individuums gegenüber dem Staat dar. Seiner Ansicht nach sollte letzterer sich nicht länger hinter dem Souveränitätsprinzip verstecken können. Das Buch enthält Entwürfe für Artikel, eine frühe Version einer internationalen Erklärung der Menschenrechte – eine revolutionäre Idee, das erste derartige Dokument überhaupt.

Bei Kriegsende geben die Alliierten bekannt, dass es in Nürnberg einen Prozess wegen Kriegsverbrechen geben soll. Die Briten berufen Lauterpacht in ihr Anklageteam. Auf seine Anregung hin werden Gräueltaten, die von Staaten an Zivilisten verübt wurden, als ‚Verbrechen gegen die Menschlichkeit' in die Nürnberger Charta aufgenommen. Ein neues Konzept des internationalen Rechts ist geboren.

4 000 Meilen entfernt, in Durham North Carolina, beschäftigt sich ein anderer früherer Bewohner Lembergs ebenfalls mit diesem Thema – aber auf eine andere Art. Zufälligerweise – oder aber vielleicht auch nicht – hat Raphael Lemkin auch an der juristischen Fakultät in Lwów studiert. Er kam 1921, kurz nachdem Lauterpacht ging, und promovierte in Strafrecht. Im Gegensatz zu Lauterpachts Fokus auf den Schutz des Individuums legte Lemkin den Schwerpunkt auf den Schutz großer Gruppen, die durch Rasse, Religion oder nationale Identität verbunden sind.

Raphael Lemkin, undatiert, Foto: American Jewish Historical Society
Raphael Lemkin, undated, Photo: Courtesy of the American Jewish Historical Society

Four thousand miles away, in the city of Durham, North Carolina, another former resident of Lemberg is also thinking about these matters, but in a different way. By coincidence, or perhaps not, Raphael Lemkin also studied law at the University of Lemberg. He arrived in 1921, shortly after Lauterpacht left, and earned a doctorate in criminal law. In contrast to Lauterpacht's focus on the protection of individuals, Lemkin focused on protecting large numbers of people bound by racial, religious or national identity.

When the Third Reich invades Poland in 1939, Lemkin is in Warsaw. He makes his way to Stockholm, and two years later is offered academic refuge at Duke University in North Carolina, USA. The journey from Stockholm to America is long. Europe is closed, so he heads eastward on a journey which will take a year. He travels with much

Als das Dritte Reich 1939 Polen überfällt, ist Lemkin in Warschau. Er schlägt sich nach Stockholm durch und bekommt zwei Jahre später „akademischen Schutz" an der Duke University in North Carolina, USA. Die Reise von Stockholm in die USA ist lang. Die Grenzen in Europa sind geschlossen, also bricht er nach Osten auf, zu einer Reise, die ein Jahr lang dauern wird. Er reist mit großem Gepäck, denn er hatte seine Zeit damit verbracht, die Verordnungen von Frank und anderen Nazis in den Gebieten, die sie ab 1938 besetzt hatten, zu sammeln. Er wird sie in Amerika analysieren, um so Stück für Stück den übergeordneten Plan hinter den Aktionen der Deutschen herauszuarbeiten. Im November 1944 erscheint sein Buch *Axis Rule*. (in etwa: *Herrschaft der Achsenmächte*). Kapitel IX stellt Lemkins Kerngedanken dar und enthält in seiner Überschrift einen neuen Begriff: ‚Völkermord'. Raphael Lemkin hat die Bezeichnung für ein neues Verbrechen – die Vernichtung ganzer Gruppen von Menschen – erfunden.

Im Sommer 1945 stellt das US-Kriegsministerium Lemkin ein, um bei der strafrechtlichen Verfolgung von Kriegsverbrechen zu helfen. Er arbeitet in Robert Jacksons Team, aber unabhängig von Lauterpacht, und plädiert dafür, die deutschen Entscheidungsträger für das Verbrechen des ‚Völkermords' anzuklagen. Aus Jacksons Büro kommen starke Vorbehalte: Senatoren der amerikanischen Südstaaten geben zu bedenken, dass die Aufnahme des Anklagepunkts ‚Völkermord' später von Afroamerikanern gegen die US-Regierung ins Feld geführt werden könnte. Und die Briten hegen die Sorge, die Opfer ihrer eigenen kolonialen Herrschaft könnten sie ebenfalls genau wegen dieses Verbrechens anklagen.

Lemkins Begriff schafft es nicht bis in die Charta. Aber wenige Wochen später wird er in die Anklageschrift - d. h. die konkreten Anklagepunkte gegen die Beschuldigten -

luggage, for he has spent his time collecting the decrees promulgated by Frank and other Nazis in the territories they occupied from 1938. These he will analyse in America, trying to piece together the master plan underlying the Germans' actions. His book *Axis Rule* is published in November 1944. Chapter IX examines Lemkin's central concern and uses a new term in its title: "Genocide." Raphael

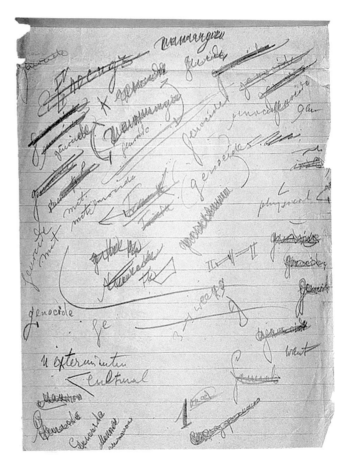

Aufzeichnungen von Raphael Lemkin, undatiert, Philippe Sands, USA, Columbia University, New York
Notes by Raphael Lemkin, undated, Philippe Sands, USA, Columbia University, New York

aufgenommen. Dies ist das erste Mal, dass er in einem rechtlichen Dokument verwendet wird.

Der Prozess beginnt am 20. November. Lauterpacht und Lemkins Ideen zur strafrechtlichen Verfolgung von Verstößen gegen die Menschenrechte bilden den Kern der Anklage. Erstaunlicherweise hatten beide Männer an derselben Universität studiert, waren die selben Straßen entlangspaziert, hatten die selben Gebäude betreten, dieselben Dozenten gehabt und doch unterschiedliche Ansätze zu der Frage entwickelt, wie man das Recht gegen Gräueltaten schützen könnte. Und noch etwas haben sie gemeinsam: Seit fast einem Jahr hat keiner der beiden mehr etwas von seiner Familie gehört.

Einer der Angeklagten ist Hans Frank. Er wird der ‚Verbrechen gegen die Menschlichkeit' und des ‚Völkermords' beschuldigt. Lemberg steht im Zentrum seines Falles und Franks Verwaltung und die darin verübten Taten bilden den Kern seiner Anklage. Sie stützen sich auf die Gräueltaten, die dem Besuch Franks in der Stadt folgten: Über 133 000 Personen wurden gefoltert und erschossen.

Lemkin ist nicht anwesend. Er wurde in Washington zurückgehalten, weil seine Kollegen ihn für schwer zu kontrollieren halten. Er drängt sie obsessiv dazu, seine ‚Völkermord'-Agenda weiter zu verfolgen. Lauterpacht ist im Gerichtssaal 600 als Mitglied des britischen Teams; Lauterpacht und Frank im selben Raum, getrennt nur von ein paar Stühlen und Tischen. An diesem Tag weiß Lauterpacht nichts vom Schicksal seiner Familie. Sicher hat er Frank beobachtet, aber als umgekehrt Frank Lauterpacht anblickte, war für ihn keine persönliche Verbindung zu erkennen.

Am 18. April 1946, fünf Monate nach Prozessbeginn, befragen die Ankläger Frank zu seiner Rolle in Polen ein-

Lemkin has invented the word for a new crime – the destruction of groups of people.

In the summer of 1945, Lemkin is hired by the U.S. War Department to assist in the prosecution of war crimes. He works with Robert Jackson's team, but separately from Lauterpacht. He advocates for Germany's leaders to be charged with the crime of "genocide". There is strong opposition from Jackson's office, under pressure from southern U.S. Senators who worry that codifying claims of "genocide" might later be invoked by African-Americans against the U.S. government. The British worry that such a crime might be claimed by the victims of colonial rule.

Lemkin's term does not make it into the Charter. But a few weeks later, it is included in the Indictment, the specific charges against the defendants. It is the first time the concept of genocide is used in any legal instrument.

The trial opens on November 20. Lauterpacht's and Lemkin's ideas for prosecuting human rights crimes are at the core of the prosecution. Curiously, the two men studied at the same university, walked the same streets, entered the same buildings, had the same teachers, yet developed different ideas on how the law might protect against atrocity. And they share something else: neither man has heard from his family in nearly a year.

One of the accused in the dock is Hans Frank, charged with "crimes against humanity" and "genocide". Lemberg is at the heart of the case, and Frank's administration is at the heart of the indictment. They focus on the atrocities that followed his visit to the city: over 133,000 persons were tortured and shot.

schließlich Lemberg, zur Verantwortung für die auf dem von ihm kontrollierten Gebiet begangenen Verbrechen, zu seinem Wissen über die Zustände an Orten wie Treblinka und Auschwitz. Er erkennt die Verantwortung an. Fühlt er sich schuldig? „Diese Frage muss das Gericht klären", antwortet er. Später erklärt er: „Tausend Jahre werden vergehen und diese Schuld von Deutschland nicht wegnehmen". Große Stille senkt sich über den Gerichtssaal. Wenige Wochen später widerruft er unter dem Druck der anderen Angeklagten diese Worte.

Im Juni 1946 erfährt Lauterpacht vom Schicksal seiner Familie. Die Nachricht erreicht ihn über seine Nichte Inka, die sich in einem Flüchtlingslager in Österreich aufhält. Ich bin die einzige Überlebende, erläutert sie. Während er das Schlussplädoyer für die Briten vorbereitet, kämpft Lauterpacht mit seinem persönlichen Schmerz. Sein Sohn Eli berichtet, dass sein Vater nie über das Schicksal seiner Familie sprach, und öffentliche Gefühlsausbrüche eher mied. Dies lässt ein Merkmal von Lauterpachts Entwurf umso deutlicher hervortreten: der einzige mehr als einmal genannte Angeklagte ist Frank, der am direktesten mit der Ermordung von Lauterpachts Familie in Verbindung steht. Lauterpachts handschriftlicher Entwurf weist eine – ansonsten seltene – Leidenschaft und Wut auf.

Inzwischen hat Lemkin auch von Franks Rolle bei der Vernichtung seiner gesamten Familie erfahren. Es gibt nur einen einzigen Überlebenden, seinen Bruder Elias. In einem New Yorker Archiv finde ich eine undatierte Seite in Lemkins Handschrift. Dutzende Male hat er das Wort ‚Völkermord' niedergeschrieben und durchgestrichen. Und da, auf der Seitenmitte steht ein Wort: ‚Frank'.

Die Urteilsverkündung dauert zwei Tage. Frank zerstörte die Opposition durch eine Herrschaft des Schreckens. Das

Lemkin is not present. He has been confined to Washington because his colleagues find him uncontrollable, obsessively pushing for them to focus on his "genocide" agenda. Lauterpacht is in Courtroom 600, a member of the British team. Lauterpacht and Frank are in the same room, separated by only a few tables and chairs. On that day, Lauterpacht knows nothing of the fate of his family. He will have studied Frank, but if Frank saw Lauterpacht, he will not have known of any personal connection in their lives.

On April 18, 1946, six months into the trial, the prosecutors question Frank about his role in Poland, including Lemberg, on responsibility for the crimes that occurred on the territory he controlled, on his knowledge of conditions in places like Treblinka and Auschwitz. He acknowledges responsibility. Does he feel guilty? "That is a question for the Tribunal," he responds. Later he declares: "A thousand years will pass and still this guilt of Germany will not have been erased." A great silence descends over the courtroom. A few weeks later, under pressure from other defendants, he retracts these words.

In June of 1946, Lauterpacht learns of the fate of his family. The news comes from his niece Inka, who is in a displaced persons' camp in Austria. "I was the only one to survive," she explains. Lauterpacht struggles with his personal grief while crafting the closing argument for the British. His son Eli tells me his father never talked about the fate of his family, nor was he prone to public displays of emotion. This makes all the more striking a feature of Lauterpacht's draft: the only defendant mentioned more than once is Hans Frank, the one most directly connected with the murder of the Lauterpacht family. Lauterpacht's handwritten draft reflects a rare passion and anger.

LWÓW - LEMBERG. - Plac akademicki.

Postkarte der Stadt Lemberg, Galizien, um 1910, picture alliance/IMAGNO/Austrian Archives | Austrian Archives
Postcard of the city of Lemberg, Galicia, ca. 1910, picture alliance/IMAGNO/Austrian Archives | Austrian Archives

Konzentrationslagersystem wurde auf seinem Gebiet eingeführt. Er überwachte die Ermordung tausender Polen, deportierte Zwangsarbeiter nach Deutschland, verfolgte Juden, indem er sie zwang, in Ghettos zu leben, hungerte sie aus und vernichtete sie dann systematisch und brutal. Er war „ein williger und wissender Mitwirkender". Frank wird der Verbrechen gegen die Menschlichkeit und Kriegsverbrechen schuldig gesprochen, aber Völkermord wird

By now Lemkin too has learned of Frank's role in the destruction of his entire family. There is only one survivor, his brother Elias. In a New York archive I find an undated page in Lemkin's handwriting. He has written and crossed out the word "genocide" dozens of times. There, in the middle of the page, is one word: "Frank".

nicht erwähnt. Er wird zum „*Tod durch den Strang*" verurteilt. In der Abgeschiedenheit seiner Zelle nickt Frank
später: „Ich habe es verdient und ich habe es erwartet."
Zwei Wochen später bringen die Zeitungen ein Foto von
Franks erhängtem Körper.

Lauterpacht ist mit dem Urteil zufrieden, ist er doch der
Ansicht, es könne zum Schutz des Individuums beitragen.
Lemkin dagegen ist zutiefst verstört. Das Urteil nimmt an
keiner Stelle Bezug auf den Begriff ‚Völkermord', kein ein-
ziges Mal. Für ihn ist der Tag der Urteilsverkündung der
„schwärzeste" seines Lebens, noch schlimmer sogar als
der Tag, an dem er vom Tod seiner Familie erfuhr.

Was danach geschah? Die modernen Menschenrechte und
das internationale Strafrecht wurden ins Leben gerufen.
Einen Monat nach dem Urteil verabschiedete die Vollver-
sammlung der Vereinten Nationen zwei Resolutionen, die
Verbrechen gegen die Menschlichkeit und Völkermord als
Bestandteil internationalen Strafrechts bestätigten. Im
Dezember 1948 beschloss die Versammlung auf Betreiben
von Lemkin eine Konvention zur Verhinderung von Völ-
kermord. Am darauffolgenden Tag verabschiedete sie die
Allgemeine Erklärung der Menschenrechte, inspiriert von
Lauterpachts Buch.

Seither hat die Europäische Menschenrechtskonvention
Mindestrechte für alle Einzelpersonen geschaffen, und es
wurde ein Gerichtshof eingerichtet, vor dem die Regierungen zur Rechenschaft gezogen werden. Die Europäische
Union verfügt über eine verbindliche Grundrechtecharta.

Heutzutage werden ‚Verbrechen gegen die Menschlichkeit'
und ‚Völkermord' oft in einem Atemzug genannt. Das Erbe
von Lauterpacht und Lemkin hat weitreichende Folgen.
Erstaunlicherweise haben sich die beiden Männer, trotz

Judgment is rendered over two days. Frank crushed the
opposition through a reign of terror. The concentration
camp system was introduced on his territory. He oversaw
the liquidation of thousands of Poles, deported slave la-
borers to Germany, persecuted Jews by forcing them into
ghettos, starved them, then systematically and brutally
exterminated them. He was "a willing and knowing par-
ticipant." Frank is found guilty of crimes against humanity
and war crimes, but there is no mention of genocide. "Tod
durch den Strang" – death by hanging – is the sentence.
In the privacy of his cell, Frank later nods his head: "I de-
served it and I expected it." Two weeks later, a photograph
of Frank's hanged body is plastered across newspapers.

Lauterpacht is satisfied with the judgment, believing it
might contribute to the protection of individuals. Lemkin,
on the other hand, is distraught. The judgment does not
refer to the word "genocide", not even once. He describes
the day of the judgment as "the blackest" of his life,
worse even than when he learned of his family's deaths.

What followed? Modern human rights and international
criminal law were called into being. A month after the
judgment, the UN General Assembly adopted two resol-
utions affirming crimes against humanity and genocide
as part of international law. In December 1948, at the instigation of Lemkin, the Assembly adopted a Convention
for the Prevention of Genocide. The next day, it approved
on the Universal Declaration on Human Rights, drawing
inspiration from Lauterpacht's book.

Since then, the European Convention on Human Rights
has created minimum rights for all individuals and established a court to hold governments to account. The
European Union has a binding Charter of Fundamental
Rights.

ihrer Bedeutung und ihrer gemeinsamen Herkunft, wohl nie getroffen.

Im Juli 1998 verabschiedeten über 150 Staaten das Statut zur Errichtung des Internationalen Strafgerichtshofs, der befugt ist, in Fällen von ,Völkermord' und ,Verbrechen gegen die Menschlichkeit' Urteile zu sprechen. Seither wurden ehemalige und amtierende Staatsoberhäupter vor internationalen Gerichtshöfen und Tribunalen der Verbrechen gegen die Menschlichkeit und des Völkermords schuldig gesprochen. Auch Staaten waren Prozessgegenstand vor internationalen Gerichten im Rahmen der Völkermordkonvention und eine Konvention zu Verbrechen gegen die Menschlichkeit wird derzeit verhandelt. Traurigerweise gibt es immer noch derartige Prozesse und leider auch die dazugehörigen Verbrechen.

Lemberg ist auch der Geburtsort meines Großvaters. Er kam 1904 dort zur Welt. Ein Jahrhundert später besuchte ich die Stadt und ihre Straßen, auf denen er als kleiner Junge spaziert war, als Lauterpacht und Lemkin dort waren. Hersch Lauterpachts Sohn, Eli, war mein erster Dozent zu internationalem Recht, dann mein Mentor, Kollege und Freund.

Erst nach dreißig Jahren stellten wir fest, dass sein Vater und meine Urgroßmutter in derselben Kleinstadt, Żółkiew, zur Welt kamen, in der gleichen Straße, der Lembergerstraße. Sie war als „Ost-West-Straße" bekannt.

Später erfuhr ich, dass das Leben meiner Urgroßmutter in Treblinka endete, auf der „Himmelfahrtstraße", genau wie das Leben von Lemkins Eltern ein paar Wochen später.

Persönliche Geschichten zählen.

Lea Main-Klingst, LL. M. assistierte beim Verfassen dieses Artikels.

Today, "crimes against humanity" and "genocide" are often mentioned in the same breath. The legacies of Lauterpacht and Lemkin are far-reaching. Curiously, despite their influence and their common origins, it seems that the two men never actually met.

In July 1998, more than 150 states adopted the Statute for the International Criminal Court, which enables the court to rule on "genocide" and "crimes against humanity". Since then, former and serving heads of state and political leaders have been convicted of crimes against humanity and genocide before international courts and tribunals. States too have been the subject of proceedings before international courts under the Genocide Convention, and a Convention on Crimes against Humanity is being negotiated. Sadly, the cases go on. So do the crimes.

Lemberg is where my grandfather was born in 1904. A century later, I came to see the streets of the city he walked as a young boy, when Lauterpacht and Lemkin were here. Hersch Lauterpacht's son, Eli, was my first teacher of international law, then my mentor, colleague and friend.

Only after 30 years did we discover that his father and my great-grandmother began their lives in the same small town, Żółkiew, on the same street, Lembergerstrasse. It was known as East-West Street.

Later I learned that my great-grandmother's life ended at Treblinka, on "Himmelfahrtstrasse" (the "Road to Heaven"), as did the lives of Lemkin's parents a few weeks later.

Personal stories matter.

Prepared with the assistance of Lea Main-Klingst, LL. M.

DIE INNOVATIONEN DER NÜRNBERGER PROZESSE

Christian Delage

Am 17. April 1940 verurteilten Briten, Franzosen und die polnische Exilregierung öffentlich die von den Nazis in Polen begangenen Gräueltaten. Dabei sollte dem Bild als Nachweis im Sinne von Beweis und des Glaubens an ihre Existenz eine spezifische Rolle zukommen. Gegen Ende des Krieges entwickelte sich aus der Empörung über diese Taten rasch die Androhung von Strafe. Am 13. Januar 1942, in der Erklärung von St. James, formulieren die Vertreter zahlreicher alliierter Regierungen eine erste juristische Grundlage zur Strafverfolgung der Naziverbrechen an der Zivilbevölkerung der besetzten Länder, die unabhängig von Militäroperationen begangen worden waren.[1] Der Hitler-Staat wird dort als „Terrorregime" beschrieben, das sich unter anderem durch „Massaker" und „Gräueltaten" hervortat, die – wie General de Gaulle für Frankreich betonte – mit „jeder deutschen Besatzung unvermeidbar" einhergingen.

Der Richter am Obersten Gerichtshof der Vereinigten Staaten Robert H. Jackson, Hauptankläger des Nürnberger Tribunals, räumte bei seiner Eröffnungsrede ein, dass auch er zu denen gehörte, die während des Krieges die meisten Gräuelgeschichten mit Zweifel und Skepsis vernommen hätten.[2] Diese Aussage hat hier ihre Bedeutung, denn sowohl die justizielle als auch die historische Entwicklung der Einstufung der von den Deutschen begangenen Verbrechen belegt, wie schwierig es für die Richter war, das Ausmaß des Vernichtungsplans der Nazis von Beginn an zu erfassen, sie zeigt aber auch, wie sehr die dem Gericht

THE INNOVATIONS OF THE NUREMBERG TRIBUNAL

Christian Delage

On 17 April 1940, the British and French governments, and the Polish government in exile, publicly condemned the atrocities committed in Poland by the National Socialists. In the way evidence was to be brought forth and the existence of the brutalities was to be established, images acquired a new, specific role. Indignation on the part of the Allies soon developed into threats of punishment at the end of the war. In the Declaration of St James's Palace (13 January 1942), the representatives of many of the Allied governments set out an 'initial legal basis for punishing Nazi crimes against the civilian populations of occupied countries outside military operations'.[1] It described the Nazi state as a 'régime of terror', characterised amongst other things by 'massacres' and 'brutalities', which according to General De Gaulle, speaking on behalf of France, 'inevitably' accompanied 'any German occupation'.

Justice Robert H. Jackson, chief prosecutor at the Nuremberg Tribunal, acknowledged in his opening address that he had been 'one who received during this war most atrocity tales with suspicion and scepticism'.[2] These words were significant. Whilst the evolution, in both legal and historical terms, of the classification of crimes committed by the Germans conveyed the difficulty faced in particular by judges when determining the extent of the Nazi extermination project, it also demonstrated how necessary the time available to the court was for the successful pursuit of its investigation.

Premierminister Sir Winston Churchill (Mitte), General de Gaulle, Chef des Nationalkomitees der freien Franzosen (2. v. r.), General Sikorski, Ministerpräsident der polnischen Exilregierung (2. v. l.) bei einer Panzerübung, 19. Februar 1941, picture alliance/akg-images

Prime Minister Sir Winston Churchill (middle), General de Gaulle, President of the Committee of the Free French movement (second from right) and General Sikorski, Minister President of the Polish exile government (second from left) during a tank manoeuvre, 19 February 1941, picture alliance/akg-images

zur Verfügung stehende Zeit notwendig war, seine Untersuchung erfolgreich voranzutreiben.

Mitten im Zweiten Weltkrieg beschlossen die Alliierten also, dass ihr Kampf gegen die Achsenmächte zur bedingungslosen Kapitulation der Gegner und ihrer anschließenden Anklage vor einem Militärgericht führen sollte. Zunächst konkretisierte sich dieser Wille in Untersuchungskommissionen zur Ahndung von Kriegsverbrechen wie der 1943 in London gegründeten *United Nations War Crimes Commission* (UNWCC), zu der zum ersten Mal eine spezielle Unterkommission für den Fernen Osten und den Pazifik gehörte, die zur Ankündigung eines Verfahrens gegen die japanischen Kriegsverbrecher bei der „Potsdamer Erklärung" vom 26. Juli 1945 beitragen sollte. Die UNWCC war um jene Länder erweitert worden, die sich im Kampf mit Deutschland und Japan befanden, der Suche nach materiellen und visuellen Beweisen und Zeugenaussagen, die zuweilen auf die Initiative einzelner Staaten zurückging.

Unter welchen Bedingungen auch immer diese erste Sammlung von Aufzeichnungen stattfand (sie wurde damals insbesondere hinsichtlich der Glaubwürdigkeit der erfassten Zeugenaussagen kritisiert), so zeigt sie doch, dass die Alliierten die Anklageerhebung auf solide Grundlagen stellen wollten und jede Form von Schnellverfahren ablehnten. Auch wenn Rachegedanken nicht vollständig gezügelt werden konnten, sollte keine Vergeltung geübt werden. Aber vor allem verzichteten Staaten zum ersten Mal in der Geschichte durch gemeinsame Entscheidung teilweise auf die Souveränität ihrer Justiz. Für Antoine Garapon bedeutet diese Entwicklung eine regelrechte Revolution im physischen Sinne des Wortes, da das Organ, das über dem anderen steht – der Staat –, auf einmal dem anderen – der Justiz – unterstellt wird. Diese Umkehrung machte die Justiz zum Schiedsrichter der Souve-

Even in the midst of the Second World War, the Allies had thus decided that the war against the Axis powers would have to culminate in the unconditional surrender of their adversaries and their subsequent trial before a military tribunal. In the first instance, this desire resulted in the convening of commissions of inquiry, such as the United Nations Commission for the Investigation of War Crimes, established in London in 1944 (this included, for the first time, a sub-commission covering the Far East and the Pacific, which would play a role in the announcement, in the form of the Potsdam Proclamation of 26 July 1945, of the trial of Japanese war criminals). The commission decided to include evidence both material and visual, as well as witness testimonies, provided by any of the countries involved in combat against Germany and Japan, some of these countries already having started collecting evidence.

Whatever the conditions were under which the initial work was done to amass archival material (it was criticized at the time, in particular with respect to the reliability of the testimonies collected), it demonstrated the Allies' wish to base indictments on solid foundations and thereby to reject summary justice of any kind. Although a certain spirit of vengeance could not entirely be avoided, the proceedings were not to be mere retribution. Above all, however, and for the first time in history, the nation states jointly agreed to renounce in part the sovereignty of their respective systems of justice. In Antoine Garapon's view, this constituted a real revolution, in the physical sense of the word, because the entity that was at the top of the structure, i.e. the nation state, now suddenly found itself in the position of a subordinate. This switch meant that the judiciary would become the arbiter of the sovereignty that led to its creation, but would result in many problems for both

Der amerikanische Chefankläger Robert H. Jackson organisierte zugleich den „Hauptkriegsverbrecherprozess" maßgeblich mit, Nürnberg, 1946, National Archives, College Park, MD, USA

American chief prosecutor Robert H. Jackson was instrumental in organizing the Major War Criminals Trial, Nuremberg, 1946, National Archives, College Park, MD, USA

Der französische Chefankläger Auguste Champetier de Ribes am Rednerpult während des „Hautpkriegsverbrecherprozesses",
Nürnberg, 1946, National Archives, College Park, MD, USA
French chief prosecutor Auguste Champetier de Ribes at the lectern during the Major War Criminals Trial, Nuremberg, 1946,
National Archives, College Park, MD, USA

ränität, die sie doch erst hervorgebracht hat. Daraus sollten viele Probleme im Völker- sowie im Strafrecht entstehen. Wie kann man sich auf gemeinsame Gesetze verständigen? Wie kann man dann alle Beteiligten – Staaten und Geschädigte, Armeen und Bevölkerungen – auf dieselbe Stufe stellen? Wo findet sich eine unabhängige Instanz für das Gerichtsverfahren?[3]

Zwischen der Ernennung des amerikanischen Hauptanklägers Robert H. Jackson und der feierlichen Eröffnung der ersten Verhandlung am 18. Oktober 1945 in Berlin waren kaum sechs Monate vergangen. In dieser kurzen Zeit begab sich das von Jackson zusammengestellte Team nach Europa, um die den Anklagepunkten entsprechenden Unterlagen aufzuspüren. Daraus ergibt sich die Bedeutung der getroffenen juristischen Entscheidungen, da sie die Grundlage für die Sammlung der Beweismittel bildeten, die den Beschuldigten zur Last gelegt wurden. Dieser Ansatz wich zwar von der traditionellen historischen Methode ab, da es in gewisser Weise darum ging, eine Analyse der Naziabsichten, die durch die Schwerpunkte der Anklage beeinflusst war, durch eine eindeutige Dokumentation zu untermauern, er prägte jedoch den ersten Ansatz der Historiker, der circa zwanzig Jahre unter dem vorherrschenden Einfluss der intentionalistischen Sichtweise stand.

Der Prozess, der 1945 in Berlin, danach in Nürnberg eröffnet wurde, betraf die höchsten politischen und militärischen Verantwortlichen der betroffenen Länder, die festgenommen und inhaftiert werden konnten. Den „Organisationen" wurde dort ebenfalls der Prozess gemacht, was zu einer grundlegenden Änderung des Verfahrens und seines Anklagesystems führte, nachdem Jackson die Aussage des Zeugen Otto Ohlendorf gehört hatte, der erklärte, wie seine Einheit (Einsatzgruppe D) „circa 90.000 Personen, Männer Frauen und Kinder, die mehrheitlich

international and criminal law. How to achieve agreement on shared law? How to treat everyone equally – whether nation states and victims or armies and civil populations? How to create a third-party system of justice?[3]

Barely six months elapsed between the nomination of the Chief US Prosecutor, Robert H. Jackson, and the solemn opening of the first hearing on 18 October 1945 in Berlin. Within this short space of time, the team assembled by Jackson visited Europe, tasked with finding archives linked to the charges brought as part of the proceedings. Hence the significance of the legal choices made, since they determined how the incriminating evidence against the defendants was compiled. This approach diverged from the traditional method used by historians in that to some extent, the unambiguous documentation was compiled to support the prosecution's analysis of the Nazi project in a way that was skewed towards the positions taken in the indictment. However, it would also shape the primary methodology adopted by later historians, who for at least twenty years were influenced by the intentionalist view.

The tribunal that opened in Berlin in 1945, and then moved to Nuremberg, related only to those highest ranking political and military officials from the Axis countries whom the Allies had managed to arrest and imprison. Prosecutions were also brought against corresponding 'organisations', which resulted in a major change of emphasis within the trial and its system of indictments. Having listened to witness Otto Ohlendorf describe how his unit (Einsatzgruppe D) had liquidated approximately 90,000 people, including men, women and children, the majority of whom were Jews, Jackson stated emotionally:

Zerstörung des Warschauer Ghettos. Das Foto aus dem Album des SS-Führers Jürgen Stroop wurde im „Hauptkriegsverbrecher-prozess" als Beweis für die deutschen Verbrechen verwendet. Warschau, 1943, National Archives, College Park, MD, USA
Destruction of the Warsaw Ghetto. The photo from the album of SS leader Jürgen Stroop was used as evidence for German crimes in the Major War Criminals Trial. Warsaw, 1943, National Archives, College Park, MD, USA

Beweise werden im Schwurgerichtssaal 600 gezeigt. Nürnberg, 1945/46, National Archives, College Park, MD, USA
Evidence is shown in Courtroom 600. Nuremberg, 1945/46, National Archives, College Park, MD, USA

Juden waren, liquidiert hatte", und darauf ausrief: „Kein Tribunal hat je zuvor eine solche Aufzählung von Massenmorden gehört, wie sie dieser Mann und sein SS-Kamerad Wisliceny begangen haben. Ihre eigenen Zeugenaussagen beweisen die Verantwortung der SS für das Vernichtungsprogramm, das fünf Millionen Juden das Leben gekostet hat, eine Verantwortung, die diese Organisation übernommen hat und der sie methodisch nachgekommen ist, gründlich und ohne Reue [...]. Diese Organisationen stehen exemplarisch für die Kraft des Bösen des Naziregimes. Möchte man eine präventive Justiz anwenden, um zu verhindern, dass sich diese Verbrechen gegen den Frieden, diese Verbrechen gegen die Menschlichkeit und diese Kriegsverbrechen wiederholen, wäre es katastrophaler, diese Organisationen freizusprechen als sämtliche 22 in der Anklagebox anwesenden Personen freizusprechen."[4]

Der Aufbau einer internationalen Gerichtsbarkeit erforderte eine Überarbeitung der Inszenierung des Verfahrens, eine Entscheidung, die für die Zukunft folgenreich war. Es erschien angebracht, dass eine Instanz mit supranationaler Mission nicht durch Ornamente oder Embleme einzelstaatlicher Traditionen gestört werden sollte. Vor allem jedoch musste sichergestellt werden, dass die Schlussanträge der Verhandlungen nicht angefochten werden konnten und die Existenz der verhandelten Straftaten, insbesondere die gegen die Menschlichkeit, nicht negiert werden konnte. Die vorherrschende Tendenz war positivistisch: Indem man die strafbaren Handlungen mit Hilfe von Dokumenten aus der Feder des Staates und der Organisationen feststellte, die sie angeordnet hatten, wäre das Verfahren nicht nur fair. Darüber hinaus sollte es auch eine dauerhafte pädagogische Funktion haben, indem die Beweismittel zusammen mit der gedruckten Transkription der Verhandlungen in den Sprachen der Richter und Angeklagten verfügbar gemacht wurden.

"No tribunal ever listened to a recital of such wholesale murder as this Tribunal heard from him and from Wisliceny, a fellow officer of the SS. Their own testimony shows the responsibility of the SS for the extermination program which took the lives of five million Jews, a responsibility the organization welcomed and discharged methodically, remorselessly, and thoroughly. ... These organizations exemplify all the evil forces of the Nazi regime. ... In administering preventive justice with a view to forestalling repetition of these crimes against peace, crimes against humanity, and war crimes, it would be a greater catastrophe to acquit these organizations than it would be to acquit the entire 22 individual defendants in the box."[4]

The establishment of an international system of justice necessitated a revision of the staging of the trial, a decision which would prove to have momentous consequences for the future. It was decided that no decoration or symbols associated with the traditions of any country would disrupt the court, purposed as it was with a supranational mission. Above all, however, it was necessary to ensure that the findings of the hearing would not be contested and that the reality of crimes on which judgement was to be passed, especially crimes against humanity, would not be denied. The prevailing trend was positivist. By providing evidence based on documents originating from the Reich and the organisations that committed the crimes, not only would the trial be fair, but it would also have an ongoing educational function, in that it would make publicly available both the evidence and the printed transcripts of the hearings in the languages of the judges and the defendants.

However, because certain archives were missing due to destruction by the criminals, the prosecution had to pro-

Film- und Tonaufnahmen während des „Hauptkriegsverbrecherprozesses", Nürnberg, 1945/46, National Archives, College Park, MD, USA
Film and sound recordings during the Major War Criminals Trial, Nuremberg, 1945/46, National Archives, College Park, MD, USA

Da jedoch bestimmte Aufzeichnungen nicht vorhanden waren, weil die Straftäter sie beseitigt hatten, musste die Anklage die Zeugnisse vorlegen, die sie zu sehen bekommen hatte, als ihre Truppen auf dem Gebiet des Reichs und der besetzten Staaten eintrafen. Die Spezialeinheiten, die damit betraut wurden, fotografische, filmische und schriftliche Beweise der Kriegsverbrechen zu sammeln, waren vor ihrer Abreise über die Notwendigkeit instruiert worden, die von den Nazis begangenen Gräueltaten zu dokumentieren. Sie erstellten präzise Protokolle, die es ermöglichen sollten, ihre Berichte zu gegebener Zeit als gerichtliche Beweismittel zu nutzen. Anstatt die Beweiskraft dieser visuellen Berichte anzuzweifeln, wies Jackson ihnen eine entscheidende Rolle zu. Als er Präsident Truman seine Vision des künftigen Prozesses darlegte, erklärte er ihm: „Wir müssen unglaubliche Sachverhalte mit Hilfe glaubwürdiger Beweise feststellen".[5] Er legte ferner fest, dass der Prozess die Nazis mit ihren Verbrechen konfrontieren sollte.[6] Dies geschah am 29. November 1945, als die Amerikaner einen Film über die Konzentrationslager vorführten. „Die Wiederauferstehung des Grauens", schrieb der Journalist Joseph Kessel, „war in diesem Moment nicht die entscheidende Tatsache. [...] Es ging darum, den Verbrechern ihre unermesslichen Verbrechen unvermittelt vor Augen zu führen, die Mörder, die Schlächter Europas sozusagen in die von ihnen geschaffenen Massengräber hinein zu werfen und die Gemütsbewegungen zu erfassen, zu denen sie diese Vorstellung, dieser Schock zwingen würde. Wir alle, die wir der Vorführung mit zugeschnürter Kehle im Dunkeln beiwohnten, fühlten, dass wir Zeugen eines einzigartigen Augenblicks in der Geschichte der Menschheit waren."

Sicher ist das wichtigste Erbe der Prozesse von Nürnberg und Tokio die Schaffung neuer Anklagepunkte wie das „Verbrechen gegen die Menschlichkeit". Aber es ist auch

duce evidence of what had been seen at the arrival of troops in the Reich's territories and the occupied countries. The special units, tasked with the collection of evidence of war crimes in photographic, cinematographic and written form, were alerted prior to leaving home to the necessity of documenting the atrocities committed by the Nazis. They produced precise protocols, allowing their reports to be used as legal evidence when the time came. Instead of doubting the relevance of these visual reports, Jackson accorded them an essential role when submitting his vision of the future tribunal to President Truman. He explained, 'We must establish incredible events by credible evidence'.[5] The trial also needed to confront the Nazis with their crimes.[6] This is, indeed, precisely what was done, when on 29 November 1945, the Americans screened a film showing the concentration camps. Journalist Joseph Kessel wrote: 'Suddenly I had the feeling in that moment that the resurrection of horror was no longer the essential aspect. ... It was about suddenly forcing the criminals to directly confront their enormous crime, in a sense throwing the murderers, the butchers of Europe, into the mass graves they had planned and executed, and watching out for any reaction that would be prompted by these visions, this shock. All of us who attended this spectacle in the darkened room, with choked emotion, felt that we were witness to a unique moment in the history of mankind'.

The most important legacy of the Nuremberg and Tokyo trials was, without doubt, the establishment of new charges, such as what were termed crimes against humanity. But the choice, political as well as judicial, to reintegrate the criminals into human society for the duration of the trial was significant as well. By this is meant those people who, particularly in the case of the Nazis, had based their policy on discrimination and the dehu-

die gleichermaßen politische und juristische Entscheidung, die Straftäter für die Zeit des Verfahrens wieder in die menschliche Gemeinschaft aufzunehmen. Damit sind jene gemeint, das gilt insbesondere für die Nazis, die ihre Politik auf Diskriminierung, Entmenschlichung und Zerstörung von Menschen gegründet hatten, die sie nicht als Teil der Menschheit ansahen. Durch diese wichtige Maßnahme verhinderten die Verhandlungen, dass das Gericht als Manifestation der „Sieger" betrachtet wurde. Denn, wie Paul Ricoeur betonte, es gibt sehr wohl eine innere Grenze des Strafurteils, da jede Strafe gemessen an dem Unrecht, das den Opfern zugefügt wurde, lächerlich gering erscheine.[7] Auch hier ermöglichte die Innovation des Filmens der Verhandlungen, das seit 1994 im Völkerrecht übliche Praxis ist, das Erbe der Opfer entschlossen in die Gegenwart einzubinden, da die Kraft und die fortbestehende Existenz der bewegten Bilder es erlauben, die Konfrontation der Prozessbeteiligten zu erleben.

manisation and destruction of those they deemed not to belong to the human race. As a consequence of this major transgression, it was possible to ensure that the way in which the hearings were conducted prevented the tribunal from being seen as an expression of winners' justice. Because, as Paul Ricœur emphasised, 'criminal rulings are inherently limited, any punishment seeming derisory when compared with the harm inflicted on the victims'.[7] What was new was that the hearings were filmed for the very first time in history, something that has been normal in international jurisdictions since 1994. The power and permanence of the animated image allows us to relive the confrontation between the trial's protagonists, ensuring that the legacy of the hearings remains intact despite the passage of years.

1   Vgl. Yann Jurovics, Réflexions sur la spécificité du crime contre l'humanité, L.G.D.J., 2002, S. 6.
2   Eröffnungsrede, Der Prozess gegen die Hauptkriegsverbrecher vor dem Internationalen Militärgerichtshof, Verhandlungsniederschriften, Band 2, Nürnberg 1947, S. 130 – engl. Fassung.
3   Vgl. Critique internationale, Nr.°5, Herbst 1999, S. 168.
4   https://avalon.law.yale.edu/imt/02-28-46.asp.
5   „Report from Mr. Justice Jackson, Chief of Counsel for the United States in the Prosecution of Axis War Criminals", 6. Juni 1945, S. 3.
6   Christian Delage, „L'image comme preuve: l'expérience du procès de Nuremberg", Vingtième siècle. Revue d'histoire, Bd. 72, 2001, S. 63-78; Nuremberg, les nazis face à leurs crimes, ARTE, 2006.
7   Vgl. „Devant l'inacceptable: le juge, l'historien, l'écrivain", Philosophie, Nr. 67, Minuit, 1. September 2000, S. 6.

1   Yann Jurovics, Réflexions sur la spécificité du crime contre l'humanité, L.G.D.J., 2002, p. 6.
2   Opening statement, Trial of the Major War Criminals before the International Military Tribunal, vol. II (Nuremberg, 1947), pp. 98-102.
3   Critique internationale, no. 5, Autumn 1999, p. 168.
4   https://avalon.law.yale.edu/imt/02-28-46.asp
5   Report from Mr Justice Jackson, Chief of Counsel for the United States in the Prosecution of Axis War Criminals, 6 June 1945, p. 3.
6   Christian Delage, 'L'image comme preuve: l'expérience du procès de Nuremberg', in Vingtième siècle. Revue d'histoire, vol. 72, 2001, pp. 63-78; Nuremberg, les nazis face à leurs crimes, ARTE, 2006.
7   'Devant l'inacceptable: le juge, l'historien, l'écrivain', in Philosophie, 67, Minuit, 1 September 2000, p. 6.

INTERNATIONALE REPRÄSENTANZ VOR DEM INTERNATIONALEN MILITÄRTRIBUNAL

Annette Weinke

„Frieden durch Recht": Völkerstrafrecht und globale Ordnungsentwürfe

Der große Nürnberger Prozess gegen die Haupttäter des „Dritten Reichs" gilt nicht nur als die Geburtsstunde des modernen Völkerstrafrechts, sondern markiert auch den vorläufigen Höhepunkt eines tiefgreifenden historischen Wandels in den internationalen Beziehungen. Dieser ging noch auf das Ende des Ersten Weltkriegs und die Pariser Vorortverträge zurück. Schon damals bildeten sich im Umfeld des Völkerbunds konträre, vielfach unvereinbare Vorstellungen über die Gestaltung einer künftigen Weltordnung heraus. Während ein Teil der internationalen Gemeinschaft an Nationalismus, Kolonialismus und einem hierarchischen Aufbau der Staatenwelt festhalten wollte, plädierte ein anderer dafür, die internationale Sphäre grundlegend neu zu gestalten. Kleinere Staaten und nichtstaatliche Akteure sollten ein größeres Mitspracherecht erhalten und Konflikte möglichst auf friedlichem Weg gelöst werden – dies alles auf den Grundlagen des Multilateralismus, der universalen Menschenrechte und dem Credo „Frieden durch Recht".

Mit dem deutschen Überfall auf Polen und der Etablierung von Besatzungsregimen in fast allen Teilen Europas erhielt diese ältere Kontroverse eine unbekannte Dringlichkeit. Zwischen den Exilregierungen der besetzten Länder und der britischen Regierung entbrannte ein

INTERNATIONAL REPRESENTATION AT THE IMT

Annette Weinke

"Peace through law": International criminal law and designs for a global order

The great Nuremberg Trial of the principal perpetrators of the Third Reich is not only considered the birth of modern international criminal law, but also marks a momentary high point in a profound historical change in international relations. That process reaches back to the end of World War I and the Treaty of Versailles. At that early date, within the ambit of the League of Nations, contrary and often incompatible ideas of how to structure a future world order already began to form. While part of the international community wanted to hold firm to nationalism, colonialism and a hierarchical structure of the world of states, another argued for a fundamental reorganization of the international sphere. They urged that smaller states and non-state actors should be given a greater voice, and conflicts should be resolved by peaceful means wherever possible – all based on the foundations of multilateralism, universal human rights, and the belief in "peace through law."

The German invasion of Poland and the establishment of occupation regimes in almost all parts of Europe lent a hitherto unknown urgency to this older controversy. A harsh conflict arose between the governments in exile of the occupied countries and the British government about whether and how to respond to the new kinds of crimes that National Socialist Germany committed in the course of its racist ethnic "cleansing." After repeated pressure

Der „Rat der Vier" auf der Pariser Friedenskonferenz nach dem Ersten Weltkrieg. Der britische Premierminister Lloyd George, der italienische Minister Vittorio Emanuele Orlando, der französische Ministerpräsident Georges Clemenceau und der amerikanische Präsident Thomas Woodrow Wilson (v. l. n. r.), Versailles, 1. Januar 1919, picture alliance/IMAGNO/Austrian Archives (S) | Austrian Archives (S)

The "Council of Four" at the Paris Peace Conference after the First World War. British Prime Minister Lloyd George, Italian Minister Vittorio Emanuele Orlando, French Prime Minister Georges Clemenceau and American President Thomas Woodrow Wilson (left to right), Versailles, January 1, 1919, picture alliance/IMAGNO/Austrian Archives (S) | Austrian Archives (S)

Königin Wilhelmina spricht auf Radio Oranje, dem offiziellen Sender der niederländischen Exilregierung, London, 28. Juli 1940, Nationaal Archief, Niederlande

Queen Wilhelmina speaks on Radio Oranje, the official broadcaster of the Dutch government in exile, London, July 28, 1940, Nationaal Archief, Netherlands

harter Konflikt, ob und wie auf die neuartigen Verbrechen zu reagieren sei, die das nationalsozialistische Deutschland im Zuge seiner völkisch-rassistischen „Flurbereinigung" verübte. Nachdem besonders Polen und Tschechen immer wieder Druck gemacht hatten, schufen schließlich der deutsche Einmarsch in die Sowjetunion und der kurz darauf folgende Kriegseintritt der Verei-

from Poland and Czechoslovakia in particular, the German invasion of the Soviet Union and the entry of the United States into the war shortly thereafter finally created the conditions under which the governments in exile could, for the first time, take a joint stand on the matter of German war crimes. With British, American, Soviet, Chinese and Indian observers in attendance, on January 13, 1942,

nigten Staaten die Voraussetzungen dafür, dass die Exil-regierungen in der Frage deutscher Kriegsverbrechen erstmals ein gemeinsames Zeichen setzen konnten. Unter Anwesenheit britischer, amerikanischer, sowjetischer, chinesischer und indischer Beobachter unterzeichneten die Delegierten Belgiens, der Tschechoslowakei, Griechenlands, Luxemburgs, der Niederlande, Norwegens, Polens, Jugoslawiens und des Freien Frankreichs am 13. Januar 1942 eine Erklärung im Londoner St. James Palace, in der sie an die Großmächte appellierten, sich für die Bestrafung deutscher Kriegsverbrecher einzusetzen und dadurch dem Geist internationaler Solidarität und Gerechtigkeit zu entsprechen.

Internationales oder zwischenstaatliches Tribunal? Gründung des Militärgerichtshofs

Nach dem militärischen Sieg über NS-Deutschland nahm die Gründung eines internationalen Tribunals rasch konkrete Formen an. Unter amerikanischer Führung verständigte man sich in London auf einen völkerrechtlichen Rahmen, der an die arbeitsteiligen Festlegungen der Kriegszeit anknüpfte. Während sich die vier alliierten Siegermächte – in Anlehnung an die Moskauer Erklärung vom 1. November 1943 – die Rechtsprechung gegenüber sogenannten Hauptkriegsverbrechern vorbehielten, sollten die übrigen Staaten nationale Kriegsverbrecherprogramme durchführen. Anstelle eines permanenten Internationalen Strafgerichtshofs unter dem Dach der Vereinten Nationen, wie es China und einige kleinere europäische Staaten gefordert hatten, einigten sich die vier beteiligten Siegermächte per Exekutiv-Beschluss auf die Schaffung eines Ad-hoc-Militärgerichtshofs, dem sich bis Jahresende 14 weitere Staaten in und außerhalb Europas anschlossen. Jüdische Organisatio-

the delegates of Belgium, Czechoslovakia, Greece, Luxembourg, the Netherlands, Norway, Poland, Yugoslavia and the Free French signed a declaration at St. James's Palace in London, calling on the great powers to support the punishment of German war criminals, and thus to adhere to the spirit of international solidarity and justice.

An international or interstate tribunal? The founding of the Military Tribunal

After the military victory over Nazi Germany the founding of an international tribunal quickly assumed concrete form. Under American leadership, the parties agreed in London on an international legal framework based on the arrangements for the division of work that had been made during the war. While the four victorious Allies – following the Moscow Declaration of November 1, 1943 – reserved the right to judge what were termed the Major War Criminals Trial, the other states would conduct national programs against war criminals. In place of a permanent International Criminal Court under the aegis of the United Nations, as China and some of the smaller European states had demanded, the four participating victorious powers agreed in an executive accord to create an ad hoc military tribunal, with which 14 additional countries within and outside Europe had concurred by year's end. Jewish organizations like the World Jewish Congress, which had previously played a significant role in securing evidence and defining law, likewise hoped for a permanent seat on the tribunal. But the same attitude of state-centered internationalism that had already kept the Armenians from taking part in the Versailles peace negotiations in 1919, and that had excluded any Jewish participation in the St. James Declaration of 1942, again worked against the Jewish experts. They were thus assigned merely the role of passive observers and advisors in Nuremberg.

Journalisten und Fotografen beim „Hauptkriegsverbrecherprozess", Nürnberg, 1946, National Archives, College Park, MD, USA

Journalists and photographers at the Major War Criminals Trial, Nuremberg, 1946, National Archives, College Park, MD, USA

nen wie der *World Jewish Congress*, die zuvor maßgeblich an der Beweismittelsicherung und rechtlichen Ausgestaltung beteiligt gewesen waren, erhofften sich ebenfalls einen festen Sitz im Tribunal. Doch dieselbe Haltung des staatszentrierten Internationalismus, die bereits 1919 eine Einbeziehung der Armenier in die Ver-

The role of the European partner states in the IMT

When the IMT Charter took effect, however, the arguments about active representation on the IMT had still not ended. In particular, the European states that had suffered most severely and lastingly from the consequences of National So-

Verhandlungen über das Londoner Viermächte-Abkommen, London, August 1945, Museen der Stadt Nürnberg

Negotiations on the London Four Power Agreement, London, August 1945, Nuremberg Municipal Museums

sailler Friedensverhandlungen verhindert und 1942 eine jüdische Beteiligung an der *St. James Declaration* ausgeschlossen hatte, wirkte sich erneut zuungunsten der jüdischen Experten aus. Ihnen wurde somit in Nürnberg lediglich die Rolle passiver Beobachter und Berater zugewiesen.

cialist occupation wanted to see their role in the formation of the War Crimes Commission of 1943 and the IMT acknowledged by having the status of active parties to the trials. Furthermore, they knew that the other Europeans agreed with them that the international public should be informed about the scope of the human and material damage that had been

Die Rolle der europäischen Partnerstaaten am IMT

Mit dem Inkrafttreten der IMT-Charta waren die Auseinandersetzungen über die Frage einer aktiven Repräsentanz am IMT allerdings noch nicht beendet. Vor allem diejenigen europäischen Staaten, die am stärksten und nachhaltigsten unter den Folgen der nationalsozialistischen Besatzungsherrschaft gelitten hatten, wollten ihre Rolle beim Zustandekommen der 1943 geschaffenen *UN War Crimes Commission* und dem IMT durch den Status als aktive Prozesspartei gewürdigt wissen. Zudem wusste man sich mit den anderen Europäern darin einig, dass die internationale Öffentlichkeit über das Ausmaß der menschlichen und materiellen Schäden aufgeklärt werden sollte. Wenige Wochen vor Prozesseröffnung unternahm die polnische Regierung deshalb einen ersten Vorstoß, der das Ziel verfolgte, die Anklagevertretung gegenüber dem vormaligen Generalgouverneur Dr. Hans Frank übernehmen zu dürfen.

Aufgrund der fragilen Beziehungen zwischen den vier Siegermächten kam jedoch am Ende nur eine Kompromisslösung zustande. Diese bestand darin, dass die Franzosen im Namen der Benelux-Staaten, Dänemark und Norwegen anklagten, während die sowjetische Anklagebehörde die Interessen Polens, der Tschechoslowakei und Jugoslawiens vertreten sollte. Entsprechend der Aufgabenverteilung im IMT beschränkte sich das Mandat in beiden Fällen auf „Kriegsverbrechen" und „Verbrechen gegen die Menschlichkeit", die den Sowjets und Franzosen übertragen worden waren. Auch wenn den kleineren europäischen Partnerstaaten und nicht-staatlichen Organisationen damit der erwünschte Status als Prozessbeteiligte verwehrt blieb, nutzten die Delegierten die vorhandenen Handlungsspielräume, um Beweismittel einzubringen, wichtige Zeugen zu benennen und ge-

caused. A few weeks before the trials began, therefore, the Polish government made a first sally with the aim of being allowed to take over representation of the prosecution against the former Governor General Dr. Hans Frank.

Due to the delicate relations among the four victorious powers, however, nothing more than a compromise was achieved in the end: the French would prosecute on behalf of the Benelux countries, Denmark and Norway, while the Soviet prosecutorial authority would represent the interests of Poland, Czechoslovakia and Yugoslavia. Under the distribution of duties within the IMT, in both cases the mandate was limited to "war crimes" and "crimes against humanity," which were assigned to the Soviets and the French. Even if the smaller European partner states and non-governmental organizations were thus excluded from their desired status as parties to the trials, the delegates made use of the available leeway to submit evidence, name important witnesses, and influence historical interpretations. In the attempt to establish greater room for resonance for their own viewpoints, the representatives of these states were supported by the correspondents of national organs of the press, many of whom were stationed for a time in Nuremberg.

The three Western powers viewed the cooperation of their European partner states partly as a useful backup, but often as merely redundant. For the Soviet Union, on the other hand – which itself was involved in crimes of aggression and severe crimes against humanity – they represented an extremely risky undertaking. Ultimately the lessons learned in 1945-46 would lead to the international community's taking an entirely different path at the end of the 1990s. With the Statute for the permanent International Criminal Court, the signatory states took account of the fact that the world order in the post-Cold War era was different from the one in 1945.

schichtliche Deutungen zu beeinflussen. Bei dem Versuch, der eigenen partikularen Sichtweise einen größeren Resonanzraum zu verschaffen, wurden die Staatenvertreter durch die Korrespondenten nationaler Presseorgane unterstützt, von denen viele zeitweise in Nürnberg stationiert waren.

Während die drei Westmächte die Mitwirkung der europäischen Partnerstaaten teils als nützliche Schützenhilfe, vielfach aber auch nur als redundant ansahen, stellte sie für die Sowjetunion, die selbst in Angriffs- und schwerste Menschlichkeitsverbrechen verwickelt war, ein äußerst riskantes Unternehmen dar. Letztlich sollten die Lehren, die man 1945/46 gesammelt hatte, dazu führen, dass die internationale Gemeinschaft Ende der 1990er Jahre einen völlig anderen Weg beschritt. Mit dem Statut für den permanenten Internationalen Strafgerichtshof haben die Vertragsstaaten dem Umstand Rechnung getragen, dass die Weltordnung im Zeitalter des *post-Cold War* eine andere war als die des Jahres 1945.

Feierliche Eröffnung des Internationalen Strafgerichtshofs, Den Haag, 11. März 2003, picture-alliance/dpa | epa anp Vos
Grand opening of the International Criminal Court, The Hague, March 11, 2003, picture-alliance/dpa | epa anp Vos

DIE ERINNERUNG IST UNSERE STÄRKSTE WAFFE GEGEN DIE BARBAREI

Elizabeth Silkes

Verstöße gegen die Menschenrechte hat es in zahllosen Regionen und allen historischen Epochen gegeben, und es gibt sie heute noch. Unabhängig von Kontext und Zeit stützen sie sich immer auf zwei Grundelemente: Schweigen und Unsichtbarkeit. Wenn die Opfer zum Schweigen gebracht werden, verschwinden die Übergriffe ins Unsichtbare – und die Zyklen der Gewalt können ungestraft und mit unverminderter Härte weiterbestehen.

Aber die Geschichte zeigt uns auch, was gegen diesen Teufelskreis hilft: die Erinnerung. Wenn eine Gesellschaft die Gewalttaten der Vergangenheit im Gedächtnis behält, bricht das nicht nur das Schweigen, indem die Fakten dieser Verstöße ans Tageslicht kommen, es hält auch die Opfer und ihre Verbündeten dazu an, niemals zu vergessen. Die Erinnerungsarbeit bricht das Schweigen und führt zu gesamtgesellschaftlichem Respekt für Wahrheit und Gerechtigkeit. So wird die Erinnerung zur stärksten Waffe gegen die Barbarei.[1]

Gedenkstätten, an denen sich Historisches ereignete – sowohl positives als auch entsetzliches –, können einen idealen Raum für ihre Verarbeitung bieten. Aber die Kraft dieser Orte ist ihnen nicht inhärent; sie muss im Rahmen des Dienstes an den Menschenrechten und des bürgerlichen Engagements bewusst gestärkt werden. Diese bewusste Anstrengung, Vergangenheit und Gegenwart zu verknüpfen und aus der Erinnerung Handeln wachsen zu

MEMORY IS OUR GREATEST WEAPON AGAINST BARBARITY

Elizabeth Silkes

Human rights violations have occurred, and continue to occur, in countless regions across all historical periods, but no matter the context or time they are always enabled by two fundamental pillars: silence and invisibility. When victims are silenced, abuses become invisible – and cycles of violence are allowed to continue with vigor and impunity.

But history also gives us a remedy for this wretched cycle, and that antidote is memory. When a society remembers past abuses, it not only breaks silences by uncovering the facts of violations, it also compels victims and their allies to never forget. Memory shatters silences and in so doing instills in society at large a respect for truth and justice. In this way, memory is our greatest weapon against barbarity.[1]

Sites of memory – where historic events, both hopeful and horrific, occurred – can offer an ideal space for such transformation. Yet the power of sites of memory is not inherent; it must be harnessed as a deliberate tactic in the service of human rights and citizen engagement. This intentional effort to connect past to present and memory to action is at the heart of the International Coalition of Sites of Conscience, which is proud to have Memorium Nuremberg Trials as one of its members.

The Nuremberg Trials hold an unparalleled place in the study of peace, reconciliation and memory, as they emphasized the importance of breaking silences surrounding

Heutige Bildungsprogramme und Workshops mit Kindern in der Friedensschule von Monte Sole, Italien. Im Jahr 1944 verübten Angehörige der SS und der Wehrmacht an diesem Ort das Massaker von Marzabotto und töteten hunderte Zivilistinnen und Zivilisten.
Today's educational programs and workshops with children in the Peace School of Monte Sole, Italy. In 1944, members of the SS and the Wehrmacht committed the Marzabotto massacre in this location, killing hundreds of civilians.

Teilnehmer an einem Jugendgipfel im National Civil Rights Museum in Memphis, Tennessee, 2017, International Coalition of Sites of Conscience
Attendees at a youth summit at the National Civil Rights Museum in Memphis, Tennessee, 2017, International Coalition of Sites of Conscience

lassen, bildet den Kern der Arbeit der International Coalition of Sites of Conscience (Internationale Koalition der Orte des Gewissens). Wir sind stolz, Memorium Nuremberg Trials als Mitglied zu haben.

Die Nürnberger Prozesse haben einen einzigartigen Stellenwert innerhalb der Friedensforschung, der Versöhnungs- und Erinnerungsarbeit, da sie besonders herausstreichen, wie wichtig es angesichts von Menschenrechtsverletzungen ist, das Schweigen zu brechen, indem sie u. a. ein Sprachrohr für die Erinnerungen der Opfer boten und ihnen respektvoll begegneten. Marie-Claude

human rights abuses in part by amplifying and honoring the memories of victims. Marie-Claude Vaillant-Couturier, a member of the French Resistance and a concentration camp survivor who served as a witness at the trials, would later say, "By telling of the sufferings of those who could not speak any more, I had the feeling that, through my voice, those whom they had tortured and exterminated accused their torturers."[2] While foregrounding the role of testimonies in safeguarding the truth, the trials also solidified the need for a global understanding of human rights and rule of law. In so doing, the hearings not only sought accountability for past crimes and helped heal

Besucher des Tuol Sleng Genocide Museums, einer ehemaligen Schule, die von den Roten Khmer zwischen 1975 und 1979 als Folter- und Haftanstalt genutzt wurde. Phnom Penh, Kambodscha, 2018
Visitors to the Tuol Sleng Genocide Museum, a former school used by the Khmer Rouge as a torture and detention center between 1975 and 1979. Phnom Penh, Cambodia, 2018, International Coalition of Sites of Conscience

Die Holocaust-Überlebende Marie-Claude Vaillant-Couturier berichtet im Zeugenstand von den Konzentrationslagern Ravensbrück und Auschwitz, Nürnberg, 1946, National Archives, College Park, MD, USA
Marie-Claude Vaillant-Couturier testifies to her ordeal in the concentration camps Ravensbrück and Auschwitz in the witness stand at the IMT. Nuremberg, 1946. National Archives, College Park, MD, USA

Vaillant-Couturier, ein Mitglied der französischen Resistance und Überlebende eines Konzentrationslagers, sagte später: „Indem ich von den Leiden derjenigen erzählte, die selbst nicht mehr sprechen konnten, hatte ich das Gefühl, dass durch meine Stimme die Gequälten und Ermordeten ihre Folterer anklagten."[2] Die Prozesse unterstrichen nicht nur die Rolle des Zeugnisablegens bei der Wahrheitsfindung, sondern verdeutlichten auch, wie

those still suffering in the present, but paved the way for future generations to pursue truth and justice.

International tribunals established to prosecute atrocities in Yugoslavia, Rwanda and elsewhere relied heavily on the lessons and structure of the Nuremberg Trials.[3] They were also instrumental in the development of international criminal law more generally, serving as templates for such

„Srebrenica Line", Acryl auf Leinwand, Kleidungsstücke von Opfern des Völkermordes in Srebrenica von 1995, Bild aus der Sammlung des Künstlers und forensischen Technikers Robert McNeil
Srebrenica Line, acrylic on canvas, garments worn by victims of the 1995 genocide in Srebrenica, image from the collection of artist and forensic technician Robert McNeil

wichtig es ist, dass Menschenrechte und Rechtsstaatlichkeit weltweit Geltung haben. Darüber hinaus ebneten sie den Weg für zukünftige Generationen und ihr Streben nach Wahrheit und Gerechtigkeit, indem sie die Täter für bereits begangene Verbrechen zur Rechenschaft zogen und dazu beitrugen, dass diejenigen, die in der Gegenwart leiden, einen Schritt in Richtung Heilung tun konnten.

forums as the 1948 Convention on Genocide, in which the General Assembly of the United Nations adopted its first human rights treaty.[4]

Today, Memorium Nuremberg Trials as a Site of Conscience continues to support these goals – both as a working courtroom and a site of memory dedicated to honoring victims by preserving the trials' memory, reminding visitors

Die internationalen Gerichtshöfe, die zur Strafverfolgung von Gräueltaten in Jugoslawien, Ruanda und anderen Ländern eingerichtet wurden, bauten sehr stark auf den Lektionen und Strukturen der Nürnberger Prozesse auf.[3] Sie spielten auch eine Schlüsselrolle für die Entwicklung des internationalen Strafrechts im Allgemeinen, da sie als Vorlage für die Konvention zur Verhinderung von Völkermord von 1948 dienten, im Rahmen derer die Vollversammlung der Vereinten Nationen ihren ersten Menschenrechtsvertrag verabschiedete.[4]

Heute unterstützt das Memorium Nuremberg Trials als Ort des Gewissens weiterhin diese Ziele – sowohl als immer noch genutzter Gerichtssaal als auch als Gedenkstätte zu Ehren der Opfer, indem die Erinnerung an die Prozesse aufrechterhalten wird und der heutige Besucher an die absolute Notwendigkeit der Rechtsstaatlichkeit erinnert wird, also an faire, zugängliche Rechtssysteme, die Täter zur Rechenschaft ziehen und die Menschenrechte aller wahren. In diesem Sinne ist das Memorium ein einzigartiger und ungewöhnlicher Ort, denn – wenn man der Wahrheit ins Auge blickt – gibt es viel mehr Gedenkstätten an Orten, an denen entsetzliche Verbrechen begangen wurden, als an Orten, an denen der Gerechtigkeit Genüge getan wurde. Zwar sind alle Orte des Gewissens Hoffnungszeichen für ein harmonischeres Miteinander in der Zukunft, aber das Memorium verkörpert diese Mission wie kein anderer Ort. Wenn Besucher den Gerichtssaal betreten, spüren sie, dass hier etwas geschehen ist, das die Welt dauerhaft zum Besseren verändert hat. In Zeiten, in denen Angst vor Fremden, Unterdrückung und Extremismus allgegenwärtig sind, ja sogar erstarken, ist dies eine Lektion, die keiner von uns verpassen sollte. Dieser Ort erinnert uns daran, dass kein Diktator oder Staat sich über die universellen Menschenrechte hinwegsetzen kann, dass Recht und Ordnung die

Ostbau des Justizpalastes in Nürnberg mit dem Memorium Nürnberger Prozesse, Museen der Stadt Nürnberg,
Foto: Christine Dierenbach
East building of the Nuremberg Palace of Justice with the Memorium Nuremberg Trials, Nuremberg Municipal Museums, Photo: Christine Dierenbach

Oberhand behalten – und dass eine gerechte und friedliche Zukunft erreichbar ist, wenn wir den Mut aufbringen, sie mit offenen Armen und voller Überzeugung zu begrüßen.

1 Paulo Abrão und Doudou Diène. Vorwort in: Strengthening Memory, Justice, and Human Rights in Brazil and the Southern Hemisphere, hrsg. von Bix Gabriel, Brasília: Brazilian Amnesty Commission, Justizministerium; New York: International Coalition of Sites of Conscience, 2015, S. 11–16.

2 https://en.wikipedia.org/wiki/Marie-Claude_Vaillant-Couturier.

3 https://today.uconn.edu/2015/11/the-legacy-of-nuremberg-70-years-on/#.

4 https://www.un.org/en/genocideprevention/genocide-convention.shtml.

today of the absolute necessity of the rule of law – of fair, accountable and accessible systems of justice that defend human rights for all. In this regard, the Memorium is a singular and exceptional site, for – truth be told – there are many more sites of memory at places where atrocious crimes occurred than at places where justice was served. While all Sites of Conscience inspire hope for more harmonious tomorrows, the Memorium embodies that mission like few others can. When visitors step into the courtroom, they know something happened there that changed the world for the better, forever. At a time when xenophobia, repression and extremism are still omnipresent, indeed ascendant, this is a lesson none of us can afford to miss. It is a reminder that no dictator or state can override the law of universal human rights; that law and order can prevail; and that just and peaceful futures are within our reach if we have the courage and conviction to embrace them.

1 Paulo Abrão and Doudou Diène, "Foreword," in Strengthening Memory, Justice, and Human Rights in Brazil and the Southern Hemisphere, ed. Bix Gabriel (Brasília: Brazilian Amnesty Commission, Ministry of Justice / New York: International Coalition of Sites of Conscience, 2015), pp. 11–16.

2 https://en.wikipedia.org/wiki/Marie-Claude_Vaillant-Couturier.

3 https://today.uconn.edu/2015/11/the-legacy-of-nuremberg-70-years-on/#.

4 https://www.un.org/en/genocideprevention/genocide-convention.shtml.

BIOGRAFIEN

Henrike Claussen
Henrike Claussen ist Historikerin und leitete das Memorium Nürnberger Prozesse von 2015 bis 2020. Seit 2007 betreute sie als Kuratorin und Projektkoordinatorin die Entstehung und Eröffnung des Memoriums. Im September 2020 übernahm Claussen die Position als Direktorin der Stiftung Forum Recht mit Sitz in Karlsruhe.

Christian Delage, Prof. Dr.
Christian Delage ist Historiker und Filmemacher. Er ist Professor und Direktor für das Institut d'histoire du temps présent der Universität Paris VIII. Zuvor lehrte Delage am Institut d'Etudes Politiques (IEP) in Paris und der Cardozo Law School in New York. Zu seinen Forschungsschwerpunkten zählen die Geschichte des Holocaust sowie die Untersuchung von historischen Filmdokumenten, wie zum Nürnberger „Hauptkriegsverbrecherprozess".

Thomas Dickert, Dr.
Thomas Dickert ist Jurist und seit April 2018 Präsident des Oberlandesgerichts Nürnberg. Er war unter anderem tätig für das Bayrische Staatsministerium der Justiz und leitete dort seit 2011 die Abteilung „Haushalt und Bau, Organisation, IT, Geschäftsstatistik".

Viviane Dittrich, Dr.
Viviane Dittrich ist stellvertretende Direktorin der Internationalen Akademie Nürnberger Prinzipien und Visiting Fellow am Centre for International Studies der London School of Economics and Political Science (LSE). Dittrich forscht unter anderem zu den internationalen Strafgerichtshöfen, Vermächtnisbildung und Erinnerungspolitik.

BIOGRAPHIES

Henrike Claussen
Henrike Claussen is an historian and headed the Memorium Nuremberg Trials from 2015 to 2020. Since 2007, she has been responsible for creating and opening the Memorium as a curator and project coordinator. In September 2020, Claussen took over the position of Director of the Forum Recht Foundation based in Karlsruhe.

Christian Delage, Prof. Dr.
Christian Delage is an historian and filmmaker. He is Professor and Director of the Institute d'histoire du temps présent of the University of Paris VIII. In the past, Delage taught at the Institute d'Etudes Politiques (IEP) in Paris and the Cardozo Law School in New York. His primary research interests include the history of the Holocaust and the analysis of historical film documents such as the Nuremberg Major War Criminals Trial.

Thomas Dickert, Dr.
Thomas Dickert is a lawyer and has been President of the Nuremberg Higher Regional Court since April 2018. He has worked for organizations including the Bavarian State Ministry of Justice and has headed the "Budget and Construction, Organization, IT, Business Statistics" department there since 2011.

Viviane Dittrich, Dr.
Viviane Dittrich is Deputy Director of the International Nuremberg Principles Academy and Visiting Fellow at the Center for International Studies of the London School of Economics and Political Science (LSE). Among other subjects, her research focuses on the international

Thomas Eser, Dr.

Thomas Eser ist Kunsthistoriker und seit Februar 2020 Direktor der Museen der Stadt Nürnberg. Bis 2019 leitete er die Sammlung Wissenschaftliche Instrumente und Medizingeschichte, Waffen und Jagdkultur sowie den Programmbereich Sonderausstellungen am Germanischen Nationalmuseum in Nürnberg. Eser übernahm Lehraufträge u. a. an Akademien und Universitäten in Nürnberg, Erlangen und Augsburg.

Benjamin B. Ferencz

Benjamin Berell Ferencz, geboren 1920, ist ein US-amerikanischer Jurist und war Chefankläger im neunten Nürnberger Nachfolgeprozess, dem Einsatzgruppenprozess von 1947/48. Später setzte sich Ferencz umfassend für das Vorankommen der deutschen Wiedergutmachungspolitik und die Gründung des Internationalen Strafgerichtshofes in Den Haag ein.

Julia Kantor, Prof. Dr.

Julia Kantor ist Historikerin und Publizistin mit dem Schwerpunkt auf sowjetisch-deutsche Beziehungen der ersten Hälfte des 20. Jahrhunderts. In ihren umfassenden Veröffentlichungen beschäftigt sich Kantor mit den Themen Zwischenkriegszeit, Zweiter Weltkrieg und der Geschichte der politischen Repressionen in der UdSSR. Sie ist Chefwissenschaftlerin des Sankt Petersburger Instituts für Geschichte der Russischen Akademie der Wissenschaften und Professorin der Russischen Staatlichen Pädagogischen Universität „A. I. Herzen".

Philippe Sands, Prof., QC

Philippe Sands ist Jurist und Schriftsteller. Neben seiner Tätigkeit als Rechtsanwalt bei Matrix Chambers ist Sands Professor für Rechtswissenschaft am University College London. Er beschäftigt sich insbesondere mit dem Völker-

criminal tribunals, legacy building, and the politics of memory.

Thomas Eser, Dr.

Thomas Eser is an art historian and has served as Director of the Nuremberg Municipal Museums since February 2020. Until 2019, he headed the collections of scientific instruments and medical history, weapons and hunting culture, and the program area Special Exhibitions at the Germanic National Museum in Nuremberg. Eser took on teaching positions, among others at academies and universities in Nuremberg, Erlangen and Augsburg.

Benjamin B. Ferencz

Benjamin Berell Ferencz, born in 1920, is an American lawyer who was chief prosecutor in the ninth Subsequent Nuremberg Trial, the Einsatzgruppen Trial in 1947/48. Ferencz later widely campaigned for the advancement of the German reparation policy and the establishment of the International Criminal Court in The Hague.

Julia Kantor, Prof. Dr.

Julia Kantor is historian and publicist with a focus on Soviet-German relations in the first half of the 20th century. In her widely published works, Kantor addresses the interwar period, the Second World War, and the history of political repression in the USSR. She is also the Chief Scientist for the Saint Petersburg Institute of History in the Russian Academy of Sciences and a Professor at the Russian State Pedagogical University "A. I. Herzen."

Philippe Sands, Prof., QC

Philippe Sands is a lawyer and writer. In addition to his work as a barrister at Matrix Chambers, Sands is a professor of law at University College London. His main area of activity is international law, and he has been involved

recht und war an vielen führenden Gerichtsfällen internationaler Verbrechen beteiligt, darunter Pinochet, Ruanda, Jugoslawien, Rohingya und Yazidis, Guantánamo und Irak. Als Schriftsteller gehören zu den jüngsten Arbeiten von Sands *East West Street* (2016) und *The Ratline* (2020). Sands war Mitbegründer des Center for International Environment Law und des Project for International Courts and Tribunals.

Elizabeth Silkes
Elizabeth Silkes ist die Geschäftsführerin der International Coalition of Sites of Conscience. Sie war Vorstandsmitglied des US National Committee of the International Council of Museums. Silkes ist internationale Beraterin der UNESCO und des Accounts of the Conflict-Projekts am International Conflict Research Institute der Universität Ulster sowie Mitglied des Rechtsbeirats des Fetzer-Instituts.

Annette Weinke, PD Dr.
Annette Weinke ist Historikerin und lehrt als Privatdozentin Neuere und Neueste Geschichte an der Friedrich-Schiller-Universität Jena. Seit 2014 ist sie stellvertretende Leiterin des Jena Center Geschichte des 20. Jahrhunderts. Zudem ist Weinke Mitglied im Wissenschaftlichen Beirat der Gedenkstätte Haus der Wannseekonferenz. Ihre Forschungsschwerpunkte umfassen unter anderem die Geschichte der beiden deutschen Staaten nach 1945, die Nachgeschichte des Nationalsozialismus, Menschenrechte und das humanitäre Völkerrecht.

in many leading cases on international crimes, including Pinochet, Rwanda, Yugoslavia, the Rohingya and Yazidis, Guantanamo, and Iraq. As a writer, Sands' recent works include *East West Street* (2016) and *The Ratline* (2020). Sands was a co-founder of the Center for International Environmental Law and the Project for International Courts and Tribunals.

Elizabeth Silkes
Elizabeth Silkes is the Executive Director of the International Coalition of Sites of Conscience. She has served on the board of ICOM-US the US National Committee in the International Council of Museums. Silkes is an International Advisor to UNESCO and the Accounts of the Conflict project at the University of Ulster's International Conflict Research Institute and is a member of the Law Advisory Council for the Fetzer Institute.

Annette Weinke, PD Dr.
Annette Weinke is an historian and teaches Modern and Contemporary History at the Friedrich-Schiller-University Jena. Since 2014 she has been Deputy Director of the Jena Center for the History of the 20th Century. Weinke is also a member of the Scientific Advisory Board for the House of the Wannsee Conference Memorial. Her research includes the history of the two German states after 1945, the post-history of National Socialism, human rights, and international law.

IMPRESSUM

Herausgeber
Museen der Stadt Nürnberg,
Memorium Nürnberger Prozesse

Redaktion
Axel Fischer, Steffen Liebscher

Redaktionelle Mitarbeit
Tobias Neubauer

Layout und Reproduktion
Anja Schneidenbach, Michael Imhof Verlag

Übersetzung
Sabine Albrecht (Französisch–Deutsch), Bettina Berthmann (Russisch–Deutsch), Cordula Didion (Französisch–Englisch), Wordshop Translations (Englisch–Deutsch)

Lektorat
Dorothée Baganz, Michael Imhof Verlag (deutsch)
Melissa Thorson (englisch)

Druck und Bindung
mediaprint solutions GmbH, Paderborn

© 2020 Michael Imhof Verlag GmbH & Co. KG
Stettiner Str. 25 | D-36100 Petersberg
Tel. 0661/29 19 16 60 | Fax 0661/29 19 16 69
info@imhof-verlag.de | www.imhof-verlag.de

IMPRINT

Publisher
Nuremberg Municipal Museums,
Memorium Nuremberg Trials

Editors
Axel Fischer, Steffen Liebscher

Assistant Editor
Tobias Neubauer

Layout and Reproduction
Anja Schneidenbach, Michael Imhof Verlag

Translation
Sabine Albrecht (French–German), Bettina Berthmann (Russian–German), Cordula Didion (French–English), Wordshop Translations (English–German)

Copy Editing
Dorothée Baganz, Michael Imhof Verlag (German)
Melissa Thorson (English)

Printing
mediaprint solutions GmbH, Paderborn

ISBN 978-3-7319-0948-4
Printed in EU